Hannah Anita Schulz

Durch Nebel hindurch

Hannah Anita Schulz

Durch Nebel hindurch

Aus ignatianischer Sicht geistlichen Missbrauch erkennen und überwinden

echter

Er durchsonnt uns auf Herzhöhe
lässt in uns das dennoch Mögliche
im Unmöglichen wirklich werden.

Gerhard Mevissen,
Zurufe Januar 2020

Der Umwelt zuliebe verzichten wir bei diesem Buch auf Folienverpackung.

Bibliografische Information der Deutschen Nationalbibliothek

Die Deutsche Nationalbibliothek verzeichnet diese Publikation in der Deutschen Nationalbibliografie; detaillierte bibliografische Daten sind im Internet über ‹http://dnb.d-nb.de› abrufbar.

1. Auflage 2022

www.echter.de

Umschlag: wunderlichundweigand.de
Coverbild: Gerhard Mevissen / gerhard-mevissen.de
Innengestaltung: Crossmediabureau
Druck und Bindung: Booksfactory

ISBN
978-3-429-05800-5
978-3-429-05232-4 (PDF)
978-3-429-06585-0 (ePub)

Inhalt

Vorwort

„Wir waren am Anfang doch alle so begeistert" – sagt mancher, der nach einem schwungvollen Start in einer religiösen Gemeinschaft unvermutet in einer schweren Lebenskrise endet. Begeisterung? Ohne sie geht es doch nicht. Wer mit Enthusiasmus startet, der kommt voran. Wer andere begeistern kann, qualifiziert sich als Führungspersönlichkeit. Werbefotos in der Berufungspastoral zeigen junge Menschen mit strahlendem Gesicht, sie reißen die Arme hoch, sie sind das sprühende Leben. Darin gleichen sie auch Werbefotos aus anderen Bereichen.

„Aber religiöse Begeisterung ist doch etwas ganz anderes." Da geht es um tief innerliches Verspüren. Da ist der hl. Geist am Werk, wie das Wort „Be-geist-erung" schon sagt. Charismatische Persönlichkeiten haben die Gabe, diesen Geist in anderen zu wecken. Es geht um Erfahrungen mit Gott, um Enthusiasmus – das kommt aus dem Griechischen und heißt „voll von Gott". Ist nicht Begeisterung die Bestätigung dafür, dass der eingeschlagene Weg richtig ist? Umgangssprachlich gesagt: Wenn's Spaß macht, dann stimmt's.

„Ich fühle mich betrogen; ich bin zutiefst enttäuscht. Habe ich mich getäuscht?" Kann man sich täuschen – trotz aller Begeisterung? War denn alles nur ein großer Irrtum? War alles nur Bluff? Haben diese Menschen, denen ich so vertraut habe, mich getäuscht? Hat Gott mich getäuscht? „*Du hast mich betört, o Herr, und ich ließ mich betö-*

ren“ (Jer 20,7). Kann ich anderen noch trauen? Kann ich Gott noch trauen? Kann ich meinen eigenen Gefühlen noch trauen?

Dieses Buch wurde geschrieben zur Unterstützung von Menschen, die in eine derartige Situation geraten sind. Es geht um die Opfer von geistlichem Machtmissbrauch, um verunsicherte, verletzte Frauen und Männer, die sich betrogen fühlen, in die Irre geführt, verführt. Um Menschen, die nicht mehr wissen, wie es weitergehen soll. Die Autorin Hannah A. Schulz hat mit vielen Frauen und Männern gesprochen, die genau das erlebt haben. Sie schreibt auch aus eigener Erfahrung. Mit ihren Qualifikationen in Supervision, in Psychotherapie, im Coaching, in geistlicher Begleitung und Exerzitienbegleitung zeigt sie Wege auf, wie Menschen wieder aus dieser Not herausfinden können, in die sie durch geistlichen Missbrauch geraten sind.

Die Autorin weiß um jene missbräuchlichen geistlichen Prozesse, die im Leben eines Menschen großen Schaden anrichten können. Die von ihr erprobten und vorgeschlagenen Hilfen stützen sich unter anderem auf die geistliche Lehre des Ignatius von Loyola (1491–1556). Dieser hat im Verlauf eines dramatischen Bekehrungsprozesses im Alter von 30 Jahren heftige innere Verirrungen erlebt, die ihn bis an den Rand des Suizids brachten. Erst allmählich lichtete sich der Nebel und er begann zu verstehen, welche „Geister“ in ihm am Werk waren. Diese Erkenntnisse hat er zur Grundlage seiner „Geistlichen Übungen“ („Exerzitien“) gemacht, die er abschließt mit der „Lehre von der Unterscheidung der Geister“. Gegen Ende seines Lebens drängten ihn seine Gefährten im Jesuitenorden, seine Lebenserinnerungen aufzuschreiben. Darin beschreibt er, welche ganz unterschiedliche innere Prozesse ein Mensch durchläuft, der sich der Führung Gottes überlässt.

Ignatius wusste um die Ambivalenz des religiösen Enthusiasmus. Er selbst hatte erlebt, wie ihn überschwängliche Emotionen und Einsichten beim Gebet tief mit Gott verbunden und zu einer radikalen Christusnachfolge geführt haben. Doch wusste er auch, dass geistliche Hochstimmungen in seinem Leben manchmal der Einstieg in den inneren Absturz gewesen sind. Die dabei wirkende Seelenkraft bezeichnet er als „*Feind der menschlichen Natur*" (Exerzitienbuch (EB) 7), an einer Stelle sogar als „*Todfeind*" (EB 136). In der Unterscheidung der Geister geht es darum, diesen Feind zu erkennen und zurückzuweisen. Darum schreibt Ignatius bereits in der Einführung: Der Exerzitienbegleiter soll jemanden, der in seinen geistlichen Übungen „*mit großer Begeisterung*" (EB 14) vorangeht, warnen, keine vorschnellen Entscheidungen über sein weiteres Leben zu treffen. Die begleitete Person soll abwarten und die inneren Regungen und Absichten in einem Unterscheidungsprozess prüfen. Denn die Erfahrung lehrt: Wer nur seiner spontanen Begeisterung und Intuition traut, läuft Gefahr, sich zu verirren.

Die Kenntnis vom Kampf der Geister geht zurück auf die ersten christlichen Jahrhunderte. Damals gingen Menschen in die Wüste, um in der Abgeschiedenheit mit viel Eifer Gott zu suchen und gerieten bald in große innere geistliche Kämpfe. Viele verloren die Orientierung und gaben auf. Andere suchten sich einen geistlichen Vater, der ihnen half, auf der Spur der Gottessuche zu bleiben. Seitdem gibt es so etwas wie „Seelenführer" bzw. „geistliche Begleiter". Es braucht Personen, die solche Kämpfe zwischen guten und bösen „Geistern" durchlebt haben und anderen mit ihrem Erfahrungswissen zur Seite stehen. An solche Personen richtet sich dieses Buch. Es ist ein Wegweiser aus der Praxis – für die Praxis.

Mit dem Titel „Geistlichen Missbrauch erkennen und überwinden" wagt sich die Autorin auf sehr schwieriges Terrain geistlicher Begleitung. Es ist in der Unterscheidung der Geister oft schon sehr schwierig herauszufinden, ob ein innerer Impuls gut oder böse ist, ob er mehr zu Gott führt oder nicht. Dies verkompliziert sich jedoch erheblich, wenn der „böse Geist" sich als „guter Geist" verkleidet. Jemand sagt z.B. „Ich will Gott lieben mit ganzem Herzen, mit ganzer Seele und mit allen meinen Kräften", verfolgt dieses Ziel jedoch mit solchem Fanatismus, dass er/sie daran zu zerbrechen droht. Ignatius nennt dies die „*Versuchung unter dem Schein des Guten*" (EB 10) und beschreibt dieses Phänomen deutlich in seiner Autobiografie als ein Phänomen der ersten Jahre nach seiner Bekehrung.

In den Unterscheidungsregeln formuliert er es so: „*Es ist dem bösen Engel eigen, der die Gestalt eines Lichtengels annimmt, bei der frommen Seele einzutreten und bei sich selbst hinauszugehen; nämlich gute und heilige Gedanken zu bringen, wie es dieser gerechten Seele entspricht; und danach bemüht er sich allmählich, bei sich hinauszugehen, indem er die Seele zu seinen verborgenen Täuschungen und verkommenen Absichten zieht*" (EB 332). Es handelt sich also um ein Täuschungsmanöver, eine Art Manipulation. An anderer Stelle heißt es: „Der Feind verhält sich wie ein falscher Liebhaber. Er will verborgen bleiben und nicht entdeckt werden“ (EB 326). Wenn der Verdacht besteht, dass es sich um eine Versuchung unter dem Schein des Guten handelt, ist es sehr wichtig, den ganzen inneren Prozess über eine längere Zeit zu verfolgen und darauf zu achten, ob sich jemand vom Guten zum Besseren bewegt oder vom Guten zum Schlechteren (vgl. EB 334).

Besonders Menschen mit sehr hohen geistlichen Idealen sind gefährdet, sich in dieser Weise zu verirren. Auch Verantwortliche in geistlichen Gemeinschaften geraten nicht selten in Versuchung, vor allem „den Schein des Guten“ zu wahren, welcher dem geistlichen Missbrauch Tor und Tür öffnet. Jesus stellt sich im Evangelium dieser Problematik, am deutlichsten in der Auseinandersetzung mit den Pharisäern und Schriftgelehrten. Das ganze 23. Kapitel bei Matthäus ist diesem Thema gewidmet: „*Weh euch, ihr Pharisäer, ihr Heuchler! … Weh euch, ihr seid blinde Führer! – Weh euch, ihr Schriftgelehrten und Pharisäer! Ihr seid wie übertünchte Gräber … Ihr erscheint von außen gerecht, innen aber seid ihr voll Heuchelei und Gesetzlosigkeit.*“

Die Entlarvung solcher Täuschungen braucht großen Mut, Demut und Ehrlichkeit. Nur so können die Versuchungen unter dem Schein des Guten erkannt, benannt, aufgedeckt und überwunden werden. In der Betrachtung vom Geistlichen Kampf schlägt Ignatius vor, Gott um folgende Gnade zu bitten: „*Um Erkenntnis der Täuschungen des bösen Anführers bitten und um Hilfe, um mich vor ihnen zu hüten; – und um Erkenntnis des wahren Lebens, das der oberste und wahre Hauptmann (Christus) zeigt, und um Gnade, ihn nachzuahmen*“ (EB 139).

Dieses Buch erschließt einen systematischen Zugang zum Prozess des Aufdeckens, der Verarbeitung und der Heilung. Doch Versuchungen unter dem Schein des Guten sind oft so gut getarnt, dass trotz aller Kenntnis solcher Prozesse das Gebet um die Gnade der Erkenntnis der Täuschungen notwendig bleibt. Das Charisma, die Geister zu unterscheiden, ist und bleibt ein Geschenk, eine Gnadengabe Gottes (1 Kor 12,10).

Franz Meures SJ

Einleitung

„Wie konnte Gott das zulassen? – Ich habe ihm doch vertraut!", bricht es aus der jungen Frau hervor. „Ich habe alles auf eine Karte gesetzt, mich für die totale Hingabe entschieden!" Sie schluchzt auf, lässt den Kopf in die Hände fallen. Ihre Schultern zucken heftig. Ich gebe ihr Zeit, lasse sie weinen, warte, bis sie sich mir wieder zuwendet. Sie hebt den Kopf, schaut mich mit tränenüberströmtem Gesicht an und wiederholt: „Ich habe ihm doch vertraut. Wie konnte das geschehen?" Ich wiederhole mit sanfter Stimme: „Ja, Sie haben ihm vertraut!" und fahre fort: „Nun stehen Sie vor einem Scherbenhaufen." Sie nickt: „Ich habe alles verloren!" Nach einer Pause: „Das Schlimmste ist, ich kann nicht mehr hoffen, nicht mehr vertrauen. Wie soll es nur weitergehen?" Tränen laufen ihr die Wangen hinunter.

Diese junge Frau ist viele Jahre Mitglied einer geistlichen Gemeinschaft gewesen, in der sie versucht hat, Nachfolge Christi in radikaler Weise zu leben. Als sie anfing, bestimmte Praktiken und Lehrmeinungen infrage zu stellen, wurde sie massiv unter Druck gesetzt, bis sie letztlich hinausgemobbt wurde. Auf sich allein gestellt, ohne Ausbildung und finanzielle Absicherung, ist sie bereits mutige Schritte zurück in ein „normales" Leben gegangen. Im gleichen Maß wie die äußeren Lebensbedingungen sich finden, wachsen in ihr die existenziellen Fragen: Wie ist es möglich, dass Ganzhingabe an Gott zu so einem Desaster führen kann? Welchen Sinn hatten all ihre Opfer? Hat sie, indem sie den Oberen gehorchte, Gott gehorcht? War das, was sie gelebt und erlitten hat, tatsächlich Gottes Wille? Zugleich steht immer wieder die Frage nach der Hoffnung im Raum: Wie soll sie Gott und den Mitmenschen je wieder vertrauen können, nachdem ihre Großzügigkeit so hintergangen wurde und ihre Liebe so enttäuscht worden ist? Noch einmal fasst die junge Frau ihr Leid in Worte: „Alles habe ich ihm gegeben. Nun habe ich alles verloren!" Sie fügt hinzu: „Ich bin so ein Idiot! Wie konnte ich mich so täuschen und ausnutzen lassen!"

Für solche Erfahrungen ist in der Kirche der Begriff „geistlicher Missbrauch" gebräuchlicher geworden. Seitdem habe ich in der Begleitung immer häufiger mit ähnlichen Berichten und Lebensgeschichten zu tun. Fassungslosigkeit ist das vorherrschende Gefühl: das Übel nicht fassen können, wodurch man es auch nicht begreifen kann. Schnell geben sich die Betroffenen selbst die Schuld und entschuldigen ihre Täter: „Es war doch nicht böse gemeint. Sie wollten nur helfen. So schlimm war es doch eigentlich gar nicht." – Doch es ist schlimm, wenn geistliche Begleiter oder Leiterinnen ihre Macht missbrauchen, um im Rahmen ihrer Arbeit eigene Bedürfnisse zu befriedigen, indem sie die ihnen anvertrauten Personen ausnutzen.

Erstaunlicherweise suchen viele Opfer schwerwiegenden oder langjährigen geistlichen Missbrauchs nicht nur Hilfe in der Psychotherapie, sondern zusätzlich ein Gegenüber, mit dem sie ihre existenziellen Fragen besprechen können: Gibt es etwas, das sie weiterhin trägt? Wo ist Gott bei alledem gewesen? Wie können sie heute noch glauben? Da häufig auch bestimmte kirchliche Praktiken als Machtinstrumente eingesetzt wurden, muss viel sortiert, neu eingeordnet, anders gedeutet werden. So wurde zum Beispiel in der genannten Gemeinschaft immer wieder betont, dass in jeder heiligen Messe das Opfer Jesu von jedem Einzelnen mitvollzogen werden solle. Aber genau diese Opferhaltung der Mitglieder wurde benutzt, um Grenzen zu überschreiten und sie bis zur Erschöpfung auszubeuten. Wie können Betroffene damit leben, dass jeder Gottesdienst wie ein Trigger auf sie wirkt, der es ihnen unmöglich macht, daran teilzunehmen? Was bleibt von ihrem Glauben übrig? Welche Formen können die Sehnsüchte finden, die sie trotz allem noch in sich tragen? Derartige Auseinandersetzungen brauchen neben Zeit ebenso kompetente geistliche Begleitung. In dieser muss es möglich sein, nicht nur die spirituelle, sondern auch die emotionale Seite des Missbrauchs nachzuempfinden und mitzuregulieren. Unter geistlicher Begleitung verstehe ich einen kirchlichen Dienst, der Mitchristen in regelmäßigen Gesprächen hilft, ihr Glaubensleben zu reflektieren, um es in seiner ganzen Schönheit erblühen zu lassen. Die Begleiter durchlaufen dazu eine mehrjährige Ausbildung und werden in vielen Diözesen für diese Aufgabe vom Bischof beauftragt.

In meinen Tätigkeiten als Coach, Therapeutin und Supervisorin in Frankreich bin ich schon vor vielen Jahren neben Einzelpersonen auch mit Gemeinschaften in Kontakt gekommen, denen durch geistlichen Missbrauch Schaden zugefügt worden ist. Ich habe sie bei der Aufarbeitung unterstützt, so gut es mir damals möglich war. Erst später hatte ich die Chance, von einer mehrjährigen Ausbildung zu profitieren, in der wir in einer festen Gruppe lernten, ignatianische Exerzitien zu begleiten. Das hat mich auf ganz unerwartete Weise auf unterschiedlichen Ebenen bereichert. Die ignatianische Gebetsweise war für mich selber eine Entdeckung. Sie half mir, mich von Ängsten und Zwängen zu lösen, die früher erfahrener geistlicher Missbrauch in mir hinterlassen hatte. Insbesondere während der großen Exerzitien, die Teil der Ausbildung waren, konnte ich eigenen missbräuchlichen Erfahrungen noch einmal nachspüren und darin einen neuen Zugang zum Glauben – ja zu Gott – finden.

Von daher begleiteten mich in der Ausbildung zwei Fragenkomplexe: Erstens: Wie können die Regeln und Übungen des Exerzitienbuches (EB) auf Menschen wirken, die bereits (geistlich) missbraucht wurden? Wo ist besondere Vorsicht geboten? Zweitens: Wie können sie andererseits den Betroffenen zurück in die Freiheit helfen? Erste Erkenntnisse haben mich motiviert, genauer zu untersuchen, wie Grundlagen der ignatianischen Spiritualität die Aufarbeitung (auch schweren) geistlichen Missbrauchs unterstützen können. Das vorliegende Buch ist die Frucht dieses Suchprozesses.

Missbrauch

Bevor die beiden Themen geistlicher Missbrauch und einige Perlen des Exerzitienbuches von Ignatius von Loyola miteinander verknüpft werden, soll jedes kurz für sich dargestellt werden: Ganz allgemein ist Missbrauch der unsachgemäße Einsatz von Objekten, Personen, Lebewesen, Substanzen, Konzepten etc. Der Maßstab dafür, ob etwas auf angemessene Weise verwendet wird oder nicht, findet sich in den Dingen oder Personen selber. Sie zeigen uns, was ihnen entspricht und was nicht. Wenn jemandem

Leid zugefügt wird, wenn er Schaden nimmt, liegt Missbrauch vor. Dieser hat immer mit Macht zu tun: Eine Person nimmt sich aus egoistischen Gründen das, was andere nicht freiwillig geben würden. Dazu müssen die Dinge auf so eine Weise entstellt werden, dass sie zum Mittel der Macht über andere werden. In derselben Weise können Spiritualität und geistliches Leben entweder auf angemessene Weise gelebt werden, die den Menschen förderlich ist. Oder diese werden damit unterdrückt und ausgenutzt, d. h. für unangemessene Motive missbraucht. Ihre Macht können die Personen dabei entweder aus ihrem Amt (z. B. Priester) oder ihrer Funktion (z. B. Oberin, Katechetin) in kirchlichen Strukturen beziehen. Sie kann ebenfalls aus dem Ausmaß der geistlichen Autorität entstehen, die ihnen von anderen zugeschrieben wird (z. B. Prediger, Seelsorgerin). Geistlicher Missbrauch im weiteren Sinne kann daher definiert werden als der Missbrauch von Spiritualität zum Schaden der betroffenen Menschen. Wie er im engeren Sinne definiert wird, erkläre ich ausführlich in Kapitel 1 „Geistlichen Missbrauch verstehen".

Ignatianische Spiritualität

Grundlagen der ignatianische Spiritualität finden sich in den Geistlichen Übungen, die Ignatius von Loyola (1491–1556) verfasst hat. Aufbauend auf der Erfahrung der eigenen Bekehrung und Zuwendung zu Gott, beschreibt er dort einen Weg, um Gott zu begegnen und besser kennenzulernen. Sein erklärtes Ziel ist es, *„die Seele darauf vorzubereiten und einzustellen, um alle ungeordneten Anhänglichkeiten* *von sich zu entfernen und nach ihrer Entfernung den göttlichen Willen in der Einstellung des eigenen Lebens zum Heil der Seele zu suchen und zu finden*" (EB 1[1]). Mit anderen Worten, es geht um die Erlangung größtmöglicher Freiheit. Diese wird zum Fundament des Lebens, auf dem richtungsweisende Entscheidungen getroffen werden, sodass der Alltag in der Nachfolge Christi gestaltet wird. Ignatius berücksichtigt auf seinem Übungsweg nicht nur den Verstand, sondern auch innere Regungen. Es geht ihm darum, Gott in allen Dingen zu suchen und zu finden.[2]

Seinen Übungsweg teilt Ignatius in vier Wochen ein, die darüber hinaus als große Phasen auf dem geistlichen Weg angesehen werden können. In der ersten Woche geht es darum, sich von den ungeordneten Anhänglichkeiten zu lösen, d. h. Erkenntnis der Sünde, Umkehr und Lösung unguter Abhängigkeiten. In der zweiten Woche steht die Betrachtung des Lebens Jesu im Vordergrund, mit dem Ziel, ihm immer ähnlicher zu werden. Zusätzlich können hier (Lebens-)Entscheidungen getroffen werden, die sich aus dem Wunsch der Nachfolge Christi entwickelt haben. In der dritten Woche ist die Begegnung mit dem leidenden Christus zentral, was auch den vorher bearbeiteten Entscheidungen eine zusätzliche Tiefe geben kann. In der vierten Woche schließlich begegnen wir dem auferstandenen Herrn und vertiefen noch einmal die Erfahrung der Liebe Gottes, die von dort aus in den Alltag weiterwirken kann. Für Ignatius ist die Freiheit so wichtig, dass er zahlreiche Kriterien beschreibt, die helfen, eigenverantwortliche Entscheidungen zu treffen: die Regeln zur Unterscheidung der Geister. Darauf nehme ich in diesem

Buch mehrfach Bezug, zum Beispiel, wenn es darum geht, geistlichen Missbrauch zu erkennen (Kapitel 2) oder den Begleiteten zu helfen, möglichst freie Entscheidungen zu treffen (Kapitel 3.4.). Da ich keine ausgewiesene Expertin für die ignatianische Spiritualität im Allgemeinen bin, beziehe ich mich ausschließlich auf die Texte des Exerzitienbuches. Gelesen mit der Brille einer Begleiterin und Therapeutin von Opfern geistlichen Missbrauchs, zeigen die Hinweise und Anmerkungen des Ignatius eine erstaunliche Aktualität.[3]

Aufbau des Buches

Jedes geistliche Angebot, seien es Predigten, Gebetszeiten, Liturgie, Gruppenstunden, Begleitung oder Seelsorge, kann zum Heil der Teilnehmenden dienen oder ihnen schaden. Daher sind alle Personen, die diese Angebote veranstalten oder in Anspruch nehmen, von der Thematik des geistlichen Missbrauchs betroffen: Sie könnten zum Täter werden oder zum Opfer. Sie könnten missbräuchliche Situationen von außen beobachten oder als Verantwortliche damit konfrontiert werden, weil es in ihrem Zuständigkeitsbereich derartige Vorwürfe gibt. Schließlich gibt es Personen, die sich als Begleiterinnen oder Berater der Opfer annehmen. Beim Schreiben dieses Buches hatte ich die Situation von geistlichen Begleitern und Begleiterinnen im Blick, die sich mit (ehemaligen) Opfern geistlichen Missbrauchs auf den Weg zurück in die Freiheit machen. Neben der Ent-Wicklung aus schädlichen Abhängigkeiten geht es dabei ebenso um die Genesung einer geschundenen Seele. Parallel dazu gilt es, den Raum der eigenen Freiheit (wieder) zu entdecken, um ihn durch Verunsicherung und Ängste hindurch neu zu gestalten. Zahlreiche Prinzipien und Methoden des Exerzitienbuches, die für diesen Weg der Wiederherstellung hilfreich sein können, habe ich hier zusammengestellt. Ich bin mir sicher, dass ebenfalls Personen von diesen Ausführungen profitieren können, die auf andere Weise von geistlichem Missbrauch betroffen sind. Zum Beispiel, weil sie missbräuchliche Situationen in ihrem Umfeld beobachten und sich fragen, ob und wie sie eingreifen können. Auch für Personen, die in der Kirche Verantwortung innehaben und auf Vorwürfe gegen mutmaßliche Täter reagieren müssen, ist die Zusammenstellung sicher hilfreich.

Nachdem ich im ersten Kapitel die innere und äußere Dynamik geistlichen Missbrauchs erkläre, lege ich im zweiten Kapitel dar, welche Kriterien und Methoden es ermöglichen, ihn in konkreten Situationen zu erkennen. Das ist sowohl für die Begleitpersonen als auch für die Betroffenen wichtig. Im dritten Kapitel geht es um die Behandlung und Überwindung der Folgen des geistlichen Missbrauchs mit allem, was dabei unterstützen kann. Erstens: Grundhaltungen im Begleitprozess. Zweitens: Wege, Eigenständigkeit zu fördern. Drittens: das Zusammenspiel von Reflexion und Empfindungen. Viertens: die Ermöglichung eigenverantwortlicher Entscheidungen. Fünftens: die Fortführung der Begleitung, wenn sich (neue) Stabilität entwickelt hat und schließlich sechstens einige Überlegungen zum Thema der Hingabe. Im folgenden vierten Kapitel wechseln wir die Perspektive, um einen kurzen

Blick darauf zu werfen, wie auch die ignatianische Spiritualität und die Texte des Exerzitienbuches missbraucht werden könnten, um andere Menschen unter Druck zu setzen und sie gefügig zu machen. Damit es gar nicht erst so weit kommt, fasse ich abschließend einige wesentliche Gedanken zusammen, um daraus in Thesenform Hinweise für die Prävention zu geben.

Die intensive Beschäftigung mit dem Thema des geistlichen Missbrauchs verstört und empört. Im Namen Gottes wird vertrauenden, suchenden Menschen unvorstellbares Leid zugefügt. Die Begleitung dieser Personen erfordert Mut, denn Grundfeste des eigenen Glaubens können dadurch erschüttert werden. Dennoch erlebe ich immer wieder, dass sich unter den Trümmern all dessen, was zerstört wurde und zusammengebrochen ist, allmählich ganz vorsichtig etwas zeigt, das Bestand hat. Ich finde, die Bezeichnung Auferstehung ist für diese Prozesse durchaus passend. Dies mitzuerleben und es begleiten zu können, erfüllt mich mit ehrfürchtigem Staunen. Gott ist äußerst kreativ. Er findet überraschende Wege, wie er sich seinen verletzten Kindern behutsam auf ganz persönliche Art und Weise neu erfahrbar machen kann. In der Begleitung der Opfer geistlichen Missbrauchs zähle ich neben allen Techniken und Kompetenzen fest auf das sanfte Wehen seines Geistes.

1. Geistlichen Missbrauch verstehen

Spiritualität ist umfassend und komplex. Sie wirkt in alle Facetten des Menschseins hinein: Werte und Sinn, Glauben und Beten, Wahrnehmung und Fühlen, Denken und Überzeugungen, Handeln und Beziehungsgestaltung. Auf alle diese Bereiche kann sich spirituelles Leben positiv auswirken und gegenseitigen Respekt, Wertschätzung und Freiheit fördern. Spiritualität kann aber ebenso benutzt werden, um zu manipulieren, Macht auszuüben, andere von sich abhängig zu machen, um sie so für die Erreichung egoistischer Ziele auszunutzen. Diese können sowohl eigennützig sein als auch die eigene Gruppe, Pfarrei, Gemeinschaft oder ähnliches betreffen. So wie heilsame Spiritualität viel Gutes bewirken kann, wird ihr Missbrauch in vielen Bereichen des Lebens Schaden anrichten.

Beim geistlichen Missbrauch im christlichen Umfeld werden theologische Aussagen oder Glaubensvollzüge so manipuliert, dass sie als Druckmittel eingesetzt werden können, wie zum Beispiel in Predigten oder Ansprachen mit aus dem Kontext gerissenen Bibel- oder Heiligenzitaten. Ebenso können bestimmte spirituelle Erfahrungen überhöht oder eine eigene Mystik verabsolutiert werden. Zu Missbrauch von Spiritualität kommt es in Pfarreien und Gemeinden, kirchlichen Gruppen oder Gemeinschaften und in asymmetrischen Beziehungen, wie es in vielen Einzelbegleitungen (Beichte, geistliche Begleitung, individuelle Seelsorge) der Fall ist. Dabei handelt es sich immer um Machtmissbrauch. Hier jedoch wird er in geistlichen Settings und mit geistlichen Themen oder Mitteln durchgesetzt und geschieht meist in dauerhaften Beziehungen und/oder Gruppen. Er nimmt mit der Zeit an Intensität zu. Die Personen in der Opferposition werden von denen in der dominanten Position zuerst gelockt, eingewickelt und verführt, damit sie mehr und mehr das Gespür für die Unrechtmäßigkeit des Verhaltens und der Übergriffe der Täterinnen oder Täter verlieren. Zusätzlich kann es zu einmaligen traumatischen Erfahrungen geistlicher Gewalt kommen. Dabei kann es sich zum Beispiel um die unerwartete Verweigerung eines Sakramentes, den Zwang zu Akten der Hingabe oder des Gehorsams, oder sexuelle Übergriffe im Rahmen eines kirchlichen Vollzuges, wie Beichte oder Seelsorge handeln. Die Personen in der Opferposition tun schließlich Dinge oder lassen diese zu, obwohl sie im Tiefsten wissen, dass sie unrecht sind. Es ist, als ob die eigene Seele vergewaltigt wird.

Definitionen

Im weitesten Sinn ist geistlicher Missbrauch der Missbrauch von Macht im christlichen Kontext mit christlichen Mitteln, bei dem anderen Menschen Schaden zugefügt wird.[4] Diese Beschreibung scheint offensichtlich und doch gibt sie einen ersten wichtigen Hinweis. Nicht jedes Fehlverhalten im kirchlichen Leben ist als geistlicher Missbrauch einzuordnen, vorausgesetzt, dass es nicht explizit oder implizit geistlich begründet wird. Die Caritasdirektorin, die im Stress unfreundlich zu einem Mitarbeiter ist, sollte an ihren Führungsqualitäten arbeiten, begeht aber keinen geistlichen Missbrauch. Der Gebetsgruppenleiter hingegen, der Diskussionen regelmäßig mit dem Verweis auf seine göttliche Autorität (Hirtengnade) beendet, benutzt theologische Aussagen, um seine Machtposition zu untermauern. Hier können wir von geistlichem Missbrauch sprechen.

Im engeren Sinne definiere ich geistlichen Missbrauch als eine mehr oder weniger offensichtliche, andauernde Manipulation, Unterdrückung und Ausnutzung anderer „im Namen Gottes", um sie für das Erreichen eigener Zwecke und Ziele gefügig zu machen, unabhängig davon, ob die so handelnde Person sich dessen bewusst ist. Dies geschieht durch unverhältnismäßige emotionale Abhängigkeiten und mentale Manipulationen, bei denen christliche Lehren, Werte und Begriffe entstellt werden, um sie zur Untermauerung von Machtansprüchen einzusetzen.[5]

In dieser Definition verwende ich das Adjektiv andauernd. Damit beziehe ich mich einerseits auf die manipulative Form des geistlichen Missbrauchs, die mir in meiner Arbeit am häufigsten begegnet. Andererseits grenze ich dadurch vereinzelte Lieblosigkeiten oder Stressreaktionen ab, die in jeder Gruppe oder Beziehung vorkommen können. Manipulierte Personen tun viele Dinge nicht wirklich freiwillig oder bewusst. Häufig werden sie verführt und getäuscht durch ebenso überhöhte wie unrealistische Versprechen, die in ein narzisstisch geprägtes Umfeld eingebettet sind. Dafür bietet das Christentum mit seinen Erlösungsthemen, wie zum Beispiel Heil, Heilung, göttlicher Trost, Berufung und Sinn eine reiche Farbpalette. Missbrauch ist schädlich und hinterlässt Opfer. Diese werden unterdrückt und ausgenutzt, statt sie aufzubauen, zu fördern, zu schützen und zu bereichern. „Im Namen Gottes" verstehe ich als Überbegriff für viele Möglichkeiten, sich des Gottesbezuges zu bedienen, um die eigene Machtposition zu stärken. Das kann zum Beispiel ein überhöhtes bis extremes Amtsverständnis sein, wenn etwa mit biblischen Zitaten jegliche Kritik unterbunden wird: „*Mich aber bewahre der Herr davor, dass ich meine Hand gegen den Gesalbten des Herrn erhebe*" (1 Sam 26,11). Oder: „*Tastet meinen Gesalbten nicht an*" (1 Chronik 16,22).

Geistlicher Missbrauch geschieht nicht einfach so, sondern in missbräuchlichen Systemen. Er braucht ein Zusammenspiel von vielfältigen Faktoren, wie z.B. der Täterrolle (bewusst oder unbewusst), der Opferrolle und eines stützenden Kontextes, der aus passenden Mentalitäten, Ideologien und Strukturen besteht. Personen sind nicht in allen Lebenslagen Täter oder Opfer, sondern übernehmen diese Rollen in bestimmten Zusammenhängen. Dieselbe Person kann durchaus in einem Kontext als Opfer fungieren und in einem anderen selber zum (Mit-)Täter oder zur (Mit-)Täterin werden. Auch können Täter in scheinbar guter Absicht handeln, weil sie ihre egoistischen Ziele mit frommen Argumenten geschickt vor sich selbst und vor anderen verbergen. Sie beziehen sich gern direkt auf Gott, indem sie zum Beispiel behaupten: „Im Gebet hat Gott mir für dich gesagt ...".

Innere Dynamik

Um die Dramatik des geistlichen Missbrauchs mit den daraus resultierenden schädlichen Konsequenzen besser erahnen und nachvollziehen zu können, stelle ich hier einige innere Dynamiken dar. Missbräuchliches Verhalten entwickelt und verfestigt sich durch emotionale Abhängigkeiten. Diese werden von den Täterinnen oder Tätern zuerst geschaffen, um später die von ihnen abhängig gewordenen Personen auszunutzen und je nach Stärke der „sadistischen" Veranlagung sogar quälen zu können. Außerdem werden Opfer mit theologischen Aussagen und Deutungen zusätzlich gefügig gemacht. Auf die beiden Aspekte, emotionaler Missbrauch und Manipulation des Denkens, gehe ich im Folgenden näher ein.

Emotionaler Missbrauch

Sooft eine Person anderen das Recht auf die eigenen Gefühle abspricht oder gezielt die emotionale Bindung ausnutzt, um sie zu manipulieren, zu benutzen oder ihnen Leid zuzufügen, spricht man von emotionalem Missbrauch. Gefühlswahrnehmungen sind etwas sehr Persönliches. Wer sie negiert, verurteilt oder erzwingen will, überschreitet individuelle Grenzen und missachtet die Würde und Einzigartigkeit der anderen. Das kann in jeder Art von Beziehung geschehen: Eltern mit Kindern, Geschwister, Ehepartner, Kolleginnen oder Schüler untereinander, Lehrerinnen, Trainer, Beraterinnen und Therapeuten. Es geschieht ebenso in kirchlichen Gruppen, Einrichtungen, Gemeinschaften wie auch im Arbeitskontext.

Um andere emotional zu manipulieren, zu unterdrücken oder auszunutzen, kann man unterschiedlich vorgehen. Erst das Zusammenspiel mehrerer Optionen führt, wie bei einem Mosaik, zum Gesamtbild missbräuchlicher Beziehung. Täter und Täterinnen werten ihre Opfer ständig ab, erniedrigen sie und behandeln sie mit Herablassung. Sie bagatellisieren ihre Bedürfnisse und Gefühle oder verbieten sie komplett. Sie dominieren und kontrollieren die Beziehung und zögern nicht, die andern einzuschüchtern oder ihnen zu drohen. Sie üben emotionale Erpressung aus, indem sie mit Nichtbeachtung und Liebesentzug strafen. Sie verdrehen Tatsachen zum Nachteil der anderen, belügen, täuschen oder hintergehen sie. Um ihre Macht auszubauen, halten sie Informationen zurück und isolieren ihre Opfer von anderen Bezugspersonen. Sie handeln willkürlich, sind unberechenbar oder überschreiten nach Gutdünken persönliche Grenzen. All diese unangenehmen negativen Verhaltensweisen werden kombiniert mit Zeiten des exzessiven Lobes, besonderer Zuwendung, überhöhten Versprechungen sowie anderen Taktiken, um ihre Gegenüber zu verführen und an sich zu binden. In emotional aufgeheizten Kontexten schwächt sich die Fähigkeit zum klaren Denken ab, daher können sie zur Manipulation von Menschen eingesetzt werden. Das geschieht zum Beispiel in manchen Veranstaltungen der Berufungspastoral, wenn nach bewegenden Lebensberichten, mitreißender Predigt und aufpeitschendem Gesang junge Menschen nach vorne gerufen werden, um ihre Berufung zum gottgeweihten Leben zu bezeugen.

Durch all diese emotionalen Manipulationen werden Menschen immer mehr verunsichert, bis ihr Vertrauen in die eigene Wahrnehmung schwindet. Sie wissen nicht mehr, was sie fühlen (sollen) und verlieren sich in einem Nebel der inneren Konfusion und Verwirrung. Einerseits sehnen sie sich nach der Anerkennung ihrer Bezugsperson, andererseits fürchten sie aus Angst vor Liebesentzug, Einsamkeit oder Isolation, die Beziehung zu beenden. Sie setzen ihre ganze Energie ein, um den willkürlichen und undurchsichtigen Erwartungen ihrer Peiniger zu entsprechen. Mit zunehmender Erschöpfung verlieren sie die Kraft, die sie bräuchten, um wieder zu sich zu kommen und der toxischen Beziehung zu entfliehen. Wo emotionaler Missbrauch im kirchlichen Kontext vorkommt, handelt es sich um geistlichen Missbrauch im weiteren Sinne. Falls die emotionale Manipulation zusätzlich durch theologische Argumente oder Deutungen verstärkt wird, haben wir mit geistlichem Missbrauch im engeren Sinne zu tun.

Mentale Manipulationen

Der eigentliche Giftstachel des geistlichen Missbrauchs liegt darin, christliche Werte, Begriffe, Vollzüge, Strukturen etc., die den Menschen normalerweise Freiheit und Erfüllung bringen, so zu verändern, dass sie als Druckmittel gebraucht (missbraucht!) werden können. Auf den ersten Blick mögen manche Aussagen fromm oder nachvollziehbar erscheinen. Erst auf den zweiten Blick aber wird deutlich, wie sehr andere mit ihnen manipuliert werden. Von außen ist nur schwer wahrnehmbar, dass sich hinter den Predigten und Lehraussagen ein eigenes Gedankengebäude verbirgt, das mit christlicher Freiheit wenig zu tun hat. Bei allen absoluten Forderungen im Namen Gottes oder der Bibel sollte man genauer hinsehen. Auffällig sind Formulierungen, die „müssen, sollen, nicht dürfen" enthalten und zusätzlich an Drohungen gebunden sind. Es ist wichtig, dass geistliche Begleiter und Begleiterinnen diese Mechanismen im Einzelnen nachvollziehen können, weil es eine Aufgabe der Begleitung (ehemaliger) Opfer sein wird, die einschränkenden Glaubensinhalte und -vollzüge zu entdecken. Durch die gemeinsame Reflexion derartiger Aussagen können sie nach und nach dekonstruiert werden. Aufgrund der entscheidenden Bedeutung mentaler Manipulationen liste ich hier eine Reihe unterschiedlicher Varianten auf[6].

- Umdeutung biblischer und theologischer Begriffe
  Vertraute spirituelle Begriffe werden benutzt, deren Bedeutung aber verändert. Vergebungsbereitschaft steht für Konfliktvermeidung; Hingabe meint Selbstaufgabe und Ausbeutung; Heiligkeit steht für Perfektionismus; Ehrenamt wird zu unbezahlter Schwarzarbeit, zum Beispiel mit Verweis auf Matthäus 10,8: „*Umsonst habt ihr empfangen, umsonst sollt ihr geben!*".
- Christliche Übertreibungen
  Hier werden Komparative, Superlative und Generalisierungen verwendet. Sie sind leicht zu erkennen an: nur,

alle, immer, niemals etc. „Man muss nur ... vertrauen/glauben/hoffen/beten/vergeben ...“ – „Ein Christ ist immer in der Freude.“ Diese Übertreibungen sind häufig Ausdruck eines christlich geprägten Größenwahns und Elitedenkens: „Wir werden die Kirche erneuern/die Welt retten.“ – „Unsere Gebetsform/Spiritualität ist die einzig wahre, daher zeigen wir allen anderen, wie es richtig geht.“

- Spiritualisierungen
  Ein Wert wird überhöht und in die spirituelle Ebene verschoben, wodurch Bedürfnisse stigmatisiert und verdrängt werden sollen. Zum Beispiel können mit der Aussage: „Furcht ist ein Zeichen für Unglauben und mangelndes Vertrauen in Gott“ die Bedürfnisse nach Information, menschlichem Beistand, Sicherheit, Kontrolle etc. unterdrückt werden. Ein anderes Beispiel: „Wer in der Nachfolge lebt, erleidet keinen Mangel, denn Gott sorgt für euch!“ Wer sich aber weiterhin als bedürftig erlebt oder manchmal den Eindruck hat, doch zu kurz zu kommen, fühlt sich nicht heilig genug und schämt sich für sein Menschsein. Manchmal werden bestimmte Glaubenserfahrungen vorgeschrieben oder sogar eingefordert: „Lobe den Herrn, dann wird dein Herz mit Freude erfüllt!“ – „Selig die Trauernden, denn sie werden getröstet werden, d. h. ein wahrer Christ ist niemals traurig.“ Forderungen nach Freude, Glauben, Vertrauen, Gehorsam sind in jedem Fall übergriffig. Damit werden leidende Personen zusätzlich unter Druck gesetzt. Eine besondere Form von Spiritualisierungen sind Dämonisierungen: „Wer eine andere Meinung ver-

tritt als die Leitung, dient dem Geist des Unfriedens." – „Wenn du uns verlässt, verlierst du deine Berufung."

- Christliche Patentrezepte – Schwarz-Weiß-Denken Grundlegende christliche Wahrheiten werden verabsolutiert und anderen Menschen zur falschen Zeit, am falschen Ort, auf falsche Weise übergestülpt, ohne dass sie in den Alltag integriert wurden: „Das Geheimnis einer glücklichen Familie: alles sofort vergeben." – „Vertraue auf Gott, dann wird alles gut."

Weitere Aussagen dienen als frommer Deckmantel für den expliziten Ausbau der eigenen Macht:

- Einschüchterung – „Wer nicht gehorcht, öffnet sich für den Einfluss des Bösen."
- Grenzverletzungen – „Ich sage das aufgrund meiner Hirtenpflicht für dich, denn ich will dich nur vor Leid bewahren."
- Einflussnahme aufs Privatleben – „Gott hat mir im Gebet gezeigt, dass du XY (nicht) heiraten sollst."
- Willkür – „Der Heilige Geist hat sich manifestiert und mir gezeigt, dass wir ab sofort etwas Neues beginnen werden. Damit sind alle bisherigen Pläne nichtig."
- Beschämung – öffentliche Sündenbekenntnisse oder lieblose, abwertende, kränkende, verurteilende Predigten.
- Angst machen – strafende, verurteilende Gottesbilder.
- Verbot von Kritik – „Wer anderer Meinung ist, macht sich zum Spielball des Teufels, der uns spalten will, um unser Werk zu zerstören."

Viele Auffassungen und Aussagen stehen nicht isoliert da, sondern sind in größeren Gedankensystemen miteinander verkoppelt, welche nicht mehr mit der christlichen Botschaft in Einklang zu bringen sind. Solche pseudotheologischen Gedankengebäude kann man durchaus als Häresien bezeichnen. Häufig handelt es sich dabei um (bewusste) Täuschung und regelrechten Betrug in geistlichen Dingen.

Um nur einige Beispiele zu nennen:

- Gehorsam wird zu blindem Gehorsam, sodass es normal, ja heilig erscheint, ständig Dinge zu tun, die man nicht versteht, die einem weh tun und persönliche Grenzen überschreiten.
- Sexuelle Übergriffe werden dargestellt als mystischer Weg, um dem anderen die Liebe Jesu zu vermitteln, ihn oder sie spüren zu lassen, wie sehr sie von Gott geliebt sind. Die so spiritualisierte sexuelle Erfahrung wird als besondere Gnade beschrieben.
- Leiter stellen sich selbst als spirituelle Väter dar und bieten ihren Schützlingen eine Ersatzvaterschaft zur Heilung früherer Verletzungen an. Durch diese Rollenbeschreibung nehmen sie sich das Recht, ihr Amt nicht nur im *forum externum* (äußere Entscheidungen) auszuüben, sondern gezielt auf das *forum internum* (persönliches inneres Erleben) ihrer Mitglieder Einfluss zu nehmen. Im katholischen Kirchenrecht wird der notwendige Schutz der Intimsphäre aller Gläubigen explizit gefordert (can. 220).

Durch die vielfältigen mentalen Manipulationen findet stetig, aber sicher eine Gedankenumbildung statt, die bis zur Gehirnwäsche gehen kann. Täter und Täterinnen kontrollieren daher nicht nur das Sozialleben und die Emotionen, sondern ebenso das Denken ihrer Opfer. Diese verlieren dadurch neben der Fähigkeit, eigenständig zu urteilen, auch die Möglichkeit, sich eine eigene Meinung zu bilden. Sie werden zu den Marionetten ihrer Peiniger. Damit schwindet außerdem die Möglichkeit, sich kritisch zu äußern oder Widerspruch auszudrücken, das Netz zieht sich zu, sodass der Lebensraum immer kleiner wird.

Ignatius beschreibt im Exerzitienbuch einen Zustand, den er Trostlosigkeit nennt. Dabei findet sich die Seele in Dunkelheit und Verwirrung, ist unruhig und wird von verschiedenen inneren Bewegungen hin und her gerissen. Im Zustand der Trostlosigkeit wird die Person neben Versuchungen auch von Zweifeln geplagt. Sie findet sich ohne Hoffnung und Liebe wieder, wird ganz träge, lau und traurig. Manchmal fühlt sie sich von ihrem Schöpfer und Herrn getrennt, sodass sie nicht mehr weiß, was sie noch glauben kann (vgl. EB 317). Diese Beschreibung ist in einem anderen Kontext entstanden, doch gibt sie das innere Leid vieler Missbrauchsopfer sehr treffend wieder.

Dilemmata

Auf der einen Seite erleben die Opfer die emotionale Abhängigkeit und den wiederholten emotionalen Missbrauch, auf der anderen die zunehmende Gedankenumbildung, die sie von sich selbst entfremdet. Emotional werden sie manipuliert und verführt, intellektuell werden Aussagen so entstellt, dass sie nicht mehr wissen, was richtig oder falsch ist. Verunsicherung und Verwirrung wachsen. Damit verkümmern genau die Fähigkeiten, die Opfer brauchen, um das Missbrauchssystem zu durchschauen und wieder zu verlassen. Im Französischen wird dafür der Begriff „*emprise*" verwendet. Man könnte ihn übersetzen mit einer Form von Besitzergreifung oder Kontrolle aus der Ferne.[7] Dieses Dilemma wird noch dadurch verstärkt, dass Denken und Fühlen nicht zusammenpassen: Die Ideale sind schön, aber man kann sie nicht leben. Die Aussagen klingen fromm, aber man fühlt sich nicht wohl dabei. Auch diese Diskrepanz schränkt das eigene Urteilvermögens ein und schwächt das bereits angeschlagene Selbstvertrauen zusätzlich. So wird es immer schwerer, die Realität zu durchschauen, um sich daraus ergebende konsequente Schritte zu gehen. Parallel dazu verengt sich das missbräuchliche System, sodass materielle und soziale Abhängigkeiten hinzukommen. So nennt Doris Wagner ihre Autobiografie, in der sie ihre Erfahrungen mit geistlichem und sexuellem Missbrauch beschreibt, ganz zu Recht: „Nicht mehr ich".[8] Andere sprechen davon, ihre Seele verkauft oder verloren zu haben.

Für Begleitpersonen ist es ungemein wichtig, diese Zusammenhänge zu verstehen. Nur so können sie nachvollziehen, warum Menschen manchmal über Jahrzehnte in missbräuchlichen Beziehungen ausgeharrt haben. Zu Beginn der Aufarbeitung verstehen die ehemaligen Opfer selber nicht, wie es so weit kommen konnte, ihre Wahrnehmungen sind eher konfus und ihre Erzählungen können widersprüchlich oder verwirrend erscheinen. Daher müssen die Begleitpersonen die Zusammenhänge sowohl verstehen als auch differenziert erklären können. Außerdem gilt es, die Folgen des emotionalen Missbrauchs und der Gedankenumbildung beständig im Blick zu behalten, denn sie werden den Begleitprozess wesentlich prägen.

Lichtengel

Ignatius spricht von einem geistlichen Prinzip der Verführung, das er mit dem Bild eines Lichtengels umschreibt. Zum besseren Verständnis der Dynamik des geistlichen Missbrauchs erscheint mir dies höchst aktuell. Ein Mensch, der ernsthaft und ehrlich einen Weg sucht, wie er sein ganzes Leben auf Gott ausrichten kann, muss dabei mit Verführungen und Täuschungen rechnen. Die Antriebskraft, die einen vom Weg Gottes abhalten möchte, nennt Ignatius in einer Gruppe von Unterscheidungsregeln den *„bösen Engel"* oder auch *„den Feind der menschlichen Natur"* (EB 328–336). In Regel 332 beschreibt er treffend, was in vielen Fällen beim geistlichen Missbrauch geschieht: *„Es ist diesem bösen Engel eigen, der die Gestalt eines Lichtengels annimmt, bei der frommen Seele einzutreten und bei sich selbst hinauszugehen; nämlich gute und heilige Gedanken zu bringen, wie es dieser gerechten Seele entspricht; und danach bemüht er sich allmählich, bei sich hinauszugehen, indem er die Seele zu seinen verborgenen Täuschungen und verkommenen Absichten zieht."*

Ignatius verdeutlicht damit mehrere Dinge: Es geht um die Verführung „frommer Seelen", d. h. von gläubigen Menschen, die sich bemühen, dem Evangelium entsprechend zu leben. Sie werden mit dem gelockt, was ihrer „gerechten Seele“, d.h. ihren Werten und Idealen entspricht. Darin besteht gleichermaßen ein Wirken der Gnade Gottes: Gutes entfalten und segnen. Der Lichtengel passt sich zuerst der Laufrichtung an, indem er die „fromme Seele“ begleitet, danach aber bringt er sie allmählich vom guten Weg ab. Wir kennen dieses Prinzip aus der Kommunikation und sprechen vom *pacing*: sich zuerst auf das Gegenüber einstellen und mitgehen, erst danach beginnen, Veränderungsimpulse zu setzen. Der Lichtengel bedient sich dabei geistlicher Impulse, die an sich gut und richtig sind, wie zum Beispiel: Gebet, Umkehr, Askese, Nachfolge, Vergebung, Sündenerkenntnis. Diese werden zuerst immer mehr betont, anschließend noch gesteigert, bis sie übertrieben und radikalisiert sind. Es ist schwierig zu erkennen, wo die Grenzen zum Ungesunden überschritten werden, zumal dies auch von persönlichen Bedingungen abhängt. Was für den einen bereits übertriebener geistlicher Leistungsdruck ist, kann für den anderen noch asketische Praxis sein. Die oben beschriebenen christlichen Übertreibungen, Patentrezepte und das Schwarz-Weiß-Denken finden hier gleichermaßen Anwendung.

Sobald der böse Engel in der Gestalt des Lichtengels die Person erst einmal von einer gesunden Spiritualität entfernt hat, kommen die klassischen Verführungen hinzu. Das geschieht unterschwellig und wird oft zunächst gar nicht bemerkt. Ignatius beschreibt drei Antriebskräfte, die Menschen von der Nachfolge Christi abbringen können:

„*So besteht also die erste Stufe in Reichtümer, die zweite in Ehre, die dritte in Hochmut. Und von diesen drei Stufen aus führt er zu allen anderen Lastern hin*“ (EB 142). Von alledem berichten mir die Opfer aus missbräuchlichen Gemeinschaften. Sie selber besaßen nichts, doch die Gemeinschaft als Ganzes war sehr reich und die verschiedenen Leitungsebenen profitierten auch persönlich davon. Das wurde mit frommen Argumenten gerechtfertigt. Die Leiterin hätte einen so anstrengenden und wichtigen Dienst, dass sie eine eigene Wohnung bräuchte, um sich besser erholen zu können. Aus demselben Grund bräuchte sie ein eigenes komfortables Auto mit Fahrer oder Zugfahrkarten in der ersten Klasse. Da diesen Leitungspersonen viel Ehrfurcht entgegengebracht wurde, kam keines der Mitglieder auf die Idee, diese Deutungen infrage zu stellen und begnügte sich sowohl mit der eigenen $10m^2$ großen Klosterzelle als auch den Billigautos, die allen gemeinsam zur Verfügung standen. Außerdem wurde diesen Leitungspersonen ein eigener hervorgehobener Sitzplatz oder Tisch im Speisesaal zugedacht, und es war eine Ehre, zu ihnen eingeladen zu werden. Der von Ignatius erwähnte Hochmut findet sich in allen Berichten von geistlichem Missbrauch wieder und wird auch geistlicher Stolz genannt. Gruppen sind von sich überzeugt, dass sie die einzig wahre katholische Lehre vertreten, mit der sie die ganze Kirche retten. Priestern wird öffentlich die Gabe der Herzensschau und der Inneren Heilung zugesprochen. Geistliche Begleiterinnen sind so von sich überzeugt, dass sie genau wissen, was ihre Schützlinge (Zöglinge!) brauchen und was ihnen ganz sicher helfen wird.

Mit seinen Worten beschreibt Ignatius nicht nur die Taktik der Kräfte, die er als bösen Engel bezeichnet, sondern sehr treffend das Vorgehen von narzisstisch geprägten Persönlichkeiten. Sie umgarnen ihre Opfer wie eine Lichtgestalt, versprechen Glück und Erfüllung. Sie machen viele fromme Worte und führen die anderen letztlich doch nur zu sich selbst, indem sie Bewunderung erwarten, bedingungslose Nachfolge fordern, aber all das fast ausschließlich für die Erfüllung eigener Wünsche und Bedürfnisse nutzen. Mit den Worten des Ignatius kann die Verführung eine falsche Tröstung genannt werden. Diese ist daran zu erkennen, dass sie „*die Seele schwächt oder beunruhigt oder verwirrt, indem es ihr ihren Frieden, ihre Stille und Ruhe, die sie vorher hatte, wegnimmt*“ (EB 333). Die Possessivpronomen verdeutlichen, dass etwas gestohlen wird, das einer anderen Seele zu eigen ist.

Idole

Eine weitere spirituelle Perspektive zum Verständnis des Geistlichen Missbrauchs, auf die insbesondere P. Klaus Mertes SJ[9] aufmerksam gemacht hat, beschreibt ihn als Verstoß gegen das 1. Gebot: „*Du sollst neben mir keine anderen Götter haben.*“ (Ex 20,3) Dabei werden Personen, Sachen, Regeln oder Werte so verabsolutiert, dass sie zum Idol werden. Dieses soll den sicheren Zugang zu Gott und die Würdigkeit der eigenen Person garantieren. Zum Beispiel: Wer bei Priester X zur Beichte geht, erfährt von ihm, welche Berufung er hat. Oder: Die Mundkommunion ist die einzig gültige Weise, würdig die Eucharistie zu empfangen. Oder: Dieser geweihte Rosenkranz sichert dir zu, dass Gott dein Gebet gnädig empfängt. Dahinter verbergen sich richtige Aussagen, die aber verabsolutiert worden sind: Das Gespräch mit einem Priester kann helfen, die eigene Berufung besser zu erkennen. Für viele Personen ist die Mundkommunion eine würdige Weise, die Eucharistie zu empfangen und ein geweihter Rosenkranz kann das Bewusstsein für die Gnade dieser Gebetsform stärken. Zum Idol werden all diese Dinge, sofern sie als einzig gültiger Weg dargestellt werden. Dieser führt dann zu innerer Starre, Zwang und Unfreiheit. Ebenso werden all jene, die es anders empfinden oder handeln, verurteilt oder verdammt. Idole fordern immer Opfer, welche ihre Anhänger mit der Zeit immer ärmer und unfreier machen.

Gott lässt sich nicht kontrollieren und nicht umfassend verstehen. Die göttliche Dimension wirkt in die menschliche hinein, doch sie übersteigt diese und lässt sich nicht wirklich fassen oder begreifen. Alle spirituellen Erfahrungen und Erkenntnisse können grundlegende Zweifel zwar mindern, nicht aber aufheben. Hier ist eine Willensentscheidung gefragt, die Ausdruck der eigenen Verantwortung und tiefster menschlicher Freiheit ist. Eine Person glaubt, weil sie glauben will, weil sie sich, aus welchen Gründen auch immer, entschieden hat zu glauben. Diese Freiheit ist eine große Herausforderung, die vielen Menschen Angst einflößt. Die Sehnsüchte nach Sicherheit, Klarheit und Eindeutigkeit in spirituellen Dingen wollen diesen Freiraum umgehen, um so die Angst vor der eigenen Verantwortung zu vermeiden, indem sie diese an jemand anderen delegieren. Menschen, die sich zum christlichen Idol machen (lassen), treten in diese Bresche, stellen sich zwischen Gott und die Person, werden zum direkten Vermittler, der den freien Zugang zur Begegnung mit Gott selber verstellt. Sie tun es vielleicht in bester Absicht, aber sie verletzen die Freiheit, die Gott jedem Menschen als kostbares Geschenk mit ins Leben gegeben hat. Sie entweihen damit heiligen Boden und besetzen göttlichen Raum.

Diese Bewegung geht nicht nur von den Idolen aus, die sich selber zwischen Gott und die Menschen stellen. Sie wird auch von denen gefördert, die dadurch ihre Ängste beruhigen wollen. Hier ist Professionalität in Leitung und Begleitung nötig, um die eigenen Fallstricke zu kennen und sich nicht in die Rolle des Idols drängen zu lassen. Ignatius hat dafür ein hilfreiches Bild gefunden: „*Der die Übungen gibt, soll sich also weder zu der einen Seite wenden oder hinneigen, noch zu der anderen, sondern in der Mitte stehend wie eine Waage unmittelbar den Schöpfer mit dem Geschöpf wirken lassen und das Geschöpf mit seinem Schöpfer und Herrn*“ (EB 15). Altertümliche Waagen bestehen aus zwei Schüsseln, die über eine Achse gehalten werden, sodass beide Seiten ihr (Un-)Gleichgewicht offenbaren. Begleiter sind nicht die Gewichte, die in die Waagschalen gelegt werden. Sie sind die Achse, die es der begleiteten Person ermöglicht, eigenständig zu hantieren. Manchmal sucht sie eine Balance in der Mitte, manchmal jedoch einen klaren Schwerpunkt, der ihr zeigt, was ihr wichtig ist und wie sie sich entscheiden möchte.

Vorab sei hier schon angemerkt, dass derartige Idole auch die geistliche Begleitung beeinflussen können. Daher ist es entscheidend, dass Begleiter die eigenen Verführbarkeiten kennen. Ansonsten ist die Gefahr groß, die verletzten und suchenden Personen mit viel Überzeugungskraft erneut zu Idolen hinzuführen. Folgende Fragen können bei der Suche nach Idealen helfen, die in Gefahr stehen zu Idolen zu werden: Was motiviert Sie so sehr, dass Sie bereit sind, dafür über eigene Grenzen zu gehen? Wie können Klienten Sie verführen, vorher festgelegte Regeln zu missachten? Wovon sind Sie so überzeugt, dass Sie am liebsten alle anderen davon überzeugen möchten? Welche Argumente verteidigen Sie bei Widerspruch besonders heftig?

Geistlicher Missbrauch ist ein komplexes Phänomen. Um ein möglichst differenziertes Verständnis zu bekommen, haben wir einige seiner systemischen, emotionalen, mentalen und spirituellen Perspektiven betrachtet. Die Bandbreite möglicher Folgen für die Opfer ist ebenfalls schon angeklungen. Es ist ein langwieriger Wiederaufbau, der vor ihnen liegt, bei dem sie lernen werden, sich Schritt für Schritt aus schädlichen Abhängigkeiten zu lösen, um wieder zu sich selbst zu finden. Das Zutrauen in die eigene Wahrnehmung muss vorsichtig zurückgewonnen werden. Die Auswirkungen der Gedankenumbildung müssen langsam und respektvoll dekonstruiert werden, um für Neues Raum zu schaffen. Die Angst vor der Eigenverantwortung muss erlebt und durchschritten werden, sodass neue Wertschätzung und Begeisterung für die persönliche Freiheit wachsen können. Schließlich, am Ende des Weges, kann sich das Wunder der Versöhnung ereignen: Einerseits Versöhnung mit sich selbst, weil man viel zu viel ertragen und mit sich hat machen lassen, andererseits Versöhnung mit Gott, der so schreckliches Leid zugelassen hat. Eine meiner Klientinnen fand ihren Frieden mit den Worten des apostolischen Glaubensbekenntnisses: „Er wird wiederkommen, zu richten die Lebenden und die Toten." Damit konnte sie die Täter dem Urteil Gottes überlassen und wurde selber frei.

Im Zentrum dieses Buches finden Sie zahlreiche Impulse aus dem Exerzitienbuch des Ignatius, die Hilfe und Unterstützung auf dem langen Weg der Rekonstruktion und Heilung der Opfer sein können. Doch vorab werden wir im nächsten Kapitel der Frage nachgehen, wie man in spezifischen Situationen erkennen und unterscheiden kann, dass es sich tatsächlich um geistlichen Missbrauch handelt oder gehandelt hat.

2. Geistlichen Missbrauch erkennen

Bei geistlichem Missbrauch handelt es sich um ein komplexes Phänomen, das Betroffene verunsichert und verwirrt. In diesem Kontext kann die Lehre der „Unterscheidung der Geister“ aus der ignatianischen Spiritualität weiterhelfen. Sie hat nichts mit Spiritismus zu tun, sondern stellt eine Reihe von Methoden sowie Kriterien zur Verfügung, um sich klar werden zu können, wodurch man motiviert und manipuliert wird. Ignatius unterschied die Einflüsse „des guten“ oder „des bösen Geistes“. Wir sprechen heute eher von inneren Kräften und Antreibern. Er war ein guter Beobachter mit ausgeprägter Selbstreflexion, dessen Erkenntnisse bis heute von den Jesuiten in die jeweils aktuellen Situationen übertragen werden. In seinen Texten finden wir einen wahren Schatz an Hinweisen, Regeln, Erfahrungen und Methoden, die helfen, geistlichen Missbrauch zu erkennen.

Für die Unterscheidung, ob es sich um einen guten oder bösen Geist handelt, beschreibt Ignatius zwei Ebenen: die Regeln für die erste (EB 313–327) und zweite (EB 328–336) Woche der Exerzitien. In der ersten Woche betreffen sie Fragen von Gut und Böse, was auch die damit verbundene Schuld und Sünde betreffen. Da sie recht schematisch dargestellt werden, wirken sie eher schwarz-weiß ohne Grautöne. Die Regeln der zweiten Woche hingegen beziehen sich auf mögliche Täuschungen auf dem geistlichen Weg, sodass sie, wie bereits in Kapitel 1 erwähnt, sehr gut auf die Dynamik von geistlichem Missbrauch angewendet werden können. Diesen könnte man mit Falschgeld vergleichen: Nur auf den ersten Blick sieht es wertvoll aus, doch bei genauerer Prüfung kann der Betrug entlarvt werden.

Um Erkenntnis bitten

Als ersten Schritt der Unterscheidung der Geister soll der Mensch Gott „*um Erkenntnis der Täuschungen des bösen Anführers bitten*“, damit er sich vor ihnen hüten und das wahre Leben erkennen kann (vgl. EB 139). Gott selber wird gebeten zu offenbaren, was zum Leben führt oder zum Tod. Dies ist mehr als nur ein frommer Wunsch, wird damit doch die ignatianische Grundhaltung ausgedrückt, in der alles, was Menschen fühlen, denken und tun, auf Gott hin ausgerichtet sein sollte. Personen, die missbräuchliche Fehlformen von spirituellem und kirchlichem Leben erkennen, können lernen, diese zu vermeiden und zu überwinden. Dadurch werden sowohl ihre Begegnungen mit den Mitmenschen von gegenseitigem Respekt geprägt sein als auch ihr Reden von und mit Gott.

Regungen wahrnehmen

Des Weiteren geht Ignatius davon aus, dass die verschiedenen Regungen, die in der Seele verursacht werden, verspürt werden sollen (EB 313). Das mag trivial klingen, ist es aber nicht. Wie bereits erklärt, werden in missbräuchlichen Beziehungen die Personen in der Opferposition emotional manipuliert und unterdrückt. Ihnen werden zum Beispiel eigene Gefühle abgesprochen, diese werden als falsch angesehen und dadurch diskreditiert. Mit der Zeit verlernen diese Personen, ihren Gefühlen zu vertrauen oder, schlimmer noch, sie überhaupt wahrzunehmen. Erste Indizien für geistlichen Missbrauch zeigen sich hingegen durch ein vages Unwohlsein. Dies kann man beiseite schieben, versuchen es zu vergessen, oder es ernst nehmen und der Sache auf den Grund gehen. Dann werden zum Beispiel Diskrepanzen, Spannungen, Gefühle von Ausweglosigkeit oder Alternativlosigkeit wahrgenommen. Aus der Beobachterperspektive beginnt die Sorge darüber, dass es sich in bestimmten Gruppen bzw. Beziehungen um geistlichen Missbrauch handeln könnte ebenfalls oft mit dem konfusen Eindruck, dass da etwas nicht stimmt.

Nach Ignatius sollen diese Regungen nicht nur verspürt, sondern auch erkannt werden, wohin sie führen. Sie gedanklich einzuordnen und zu benennen, macht es leichter, sie zu verbalisieren, um sich mit anderen darüber auszutauschen. Verwirrung und Orientierungslosigkeit sind typisch in missbräuchlichen Systemen. Sie bewirken ein auffällig starkes Bedürfnis, immer wieder über die Situationen zu reden, sich selbst zu vergewissern, um auf diese Weise größere Klarheit zu schaffen. Dieses Redebedürfnis ist ein weiteres Indiz dafür, dass da tatsächlich etwas nicht stimmt. In meiner Zeit als Referentin für geistliche Gemeinschaften und kirchliche Bewegungen war es bemerkenswert, wie oft ich auf bestimmte Neugründungen angesprochen wurde. Beobachter, Verantwortliche, Kolleginnen, geistliche Begleiter, Nachbargemeinschaften, Jugendseelsorgerinnen und viele andere wollten ihr Unwohlsein ausdrücken und mit mir über ihre Fragen oder Sorgen sprechen. Es gab noch keine klaren Belege für akutes Fehlverhalten. Dennoch haben wir die Fülle der Reaktionen ernst genommen, sodass ein Dialogprozess mit den genannten Gemeinschaften eingeleitet wurde.

Wege hinterfragen

Die Einflüsse der guten oder bösen Geister unterscheidet Ignatius nicht einfach auf der einen Seite durch angenehme Regungen, wie Ermutigung, Frieden, Tröstung, Kraft, und auf der anderen durch unangenehme, wie Unruhe, Entmutigung oder Traurigkeit. Für ihn ist der Zusammenhang entscheidend, in dem diese Emotionen auftreten. Bei Menschen, die in Sünden verfangen sind und sich tendenziell zu dem hin entwickeln, was sie von Gott wegtreibt, werden die angenehmen bestätigenden Regungen vom bösen Geist bewirkt. Damit sollen die Personen auf ihrem Weg zum Bösen fixiert werden. Die unangenehmen Regungen, wie Gewissensbisse oder innere Unruhe, werden in diesem Kontext vom guten Geist bewirkt, der das Gewissen „*sticht und beißt*". So sollen die Personen von ihrem Weg ablassen, um sich wieder dem Guten zuzuwenden (vgl. 1. Regel EB 314).

Bei Menschen, die hingegen auf dem Weg vom Guten zum Besseren sind, d. h. sich treu Gott zuwenden, sich bemühen ihn zu loben und ihm zu dienen, verhält es sich umgekehrt: Der gute Geist schenkt Mut, Kraft, Tröstung, Tränen, Eingebung und Ruhe. Er erleichtert das Handeln, indem er Hindernisse aus dem Weg räumt. Der böse wiederum stellt Stolpersteine oder Blockaden in den Weg, beißt, sticht, macht traurig und beunruhigt (vgl. 2. Regel EB 315).

Da diese Unterscheidung sehr schemenhaft ist, kann sie nur schwer auf die Frage angewandt werden, ob es sich in einem konkreten Fall um geistlichen Missbrauch handelt. Die Mitglieder missbräuchlicher Systeme gehen à priori davon aus, dass sie auf dem richtigen Weg sind, d.h. sich vom Guten zum Besseren bewegen. Von daher werden Probleme oder Hindernisse oft „geistlicher Kampf" genannt. Deshalb müsse man noch engagierter weitermachen als bisher und standhaft gegen Zweifel und Anfechtungen ankämpfen. Die Frage, ob die Person oder Gemeinschaft sich auf einem falschen Weg bewege, wird nicht einmal gestellt. Probleme werden eher als Bestätigung dafür angesehen, dass der Weg besonders wichtig, ja heilig sei und daher auf keinen Fall angezweifelt werden dürfe. Nach dieser Logik wird Kritik als Anfeindung des Bösen interpretiert, die zu unterlassen sei. Hilfreich ist die Unterscheidung der beiden Wegrichtungen insoweit, als sie Betroffene darauf aufmerksam macht, dass zumindest die Möglichkeit besteht, sich auf einem unguten Weg verirrt zu haben. Das öffnet den Blick dafür, dass Gewissensbisse, Fragen und Zweifel Wirkung des guten Geistes sein könnten, der zur Umkehr ermutigen möchte.

Lichtengel enttarnen

In der 4. Regel der Unterscheidung für die zweite Exerzitienwoche (EB 332–334) findet man das im ersten Kapitel dieses Buchs bereits beschriebene Prinzip vom Wirken des Lichtengels. Unter dem Schein des Guten wird Böses gesät, das sich von innen her in der Seele entfaltet, um Zweifel, Selbstvorwürfe, Unruhe und vieles mehr zu bewirken. Das Gute wird dabei so übertrieben, dass die Ansprüche an das geistliche Leben immer mehr gesteigert werden. Einerseits erwächst daraus im Blick auf andere eine zunehmende Überheblichkeit, andererseits Minderwertigkeitsgefühle sich selbst gegenüber, da die wachsenden Erwartungen nicht mehr erfüllt werden können. Die zugrundeliegende Dynamik möchte ich mit einem Beispiel veranschaulichen. Jugendliche engagierten sich in ihrer Freizeit, um zusammen mit einem Evangelisten in anderen Gemeinden Straßenmissionen, Lobpreisevents sowie Glaubenskurse zu organisieren und diese durchzuführen. Sie hatten verstanden, wie Glaube, Gebet, Verkündigung richtig gelebt werden und fühlten sich darin als Vorbild für viele. Weil die Gruppenmitglieder sich für etwas Besseres hielten, mussten sie auch besser sein. Dadurch nahmen die Ansprüche an Radikalität in der Nachfolge beständig zu. Es musste immer mehr, zugleich immer besser gebetet und „gedient" werden. Nichts war mehr gut genug. Sie wurden ein elitärer Club mit einer eigenen Sprache, kritisierten die Schwächen anderer Pfarreien und schauten auf andere Jugendliche herab. Doch dieser hohe Anspruch konnte auf Dauer nicht aufrecht erhalten werden. Ein Gefühl des Versagens vor den mittlerweile verinnerlichten Ansprüchen machte sich breit, woraus noch mehr geistliche Anstrengungen resultierten, die keinen Raum für ein Leben neben der Jugendgruppe ließen. Einige, denen es zu viel wurde, entschieden sich Glauben und kirchliches Leben komplett hinter sich zu lassen und aus der Gruppe auszuscheiden. Andere brachen körperlich oder psychisch zusammen und wieder andere entwickelten ein Doppelleben, indem sie auf der einen Seite die Ansprüche weiter verkündigten oder sogar einforderten, aber selber für sich geheime Oasen fanden, in denen sie ein ganz profanes Leben pflegten.

Geistlicher Missbrauch lässt sich daran erkennen, dass die Betroffenen extrem unter Druck stehen. Je enthusiastischer sie von ihrer Gruppe oder Aufgabe berichten, umso mehr sind sie in Gefahr, eigene Grenzen zu missachten und sich für die gute Sache ausnutzen zu lassen. Begeisterung ist etwas Gutes, aber sie macht anfällig für Übertreibungen in geistlichen Dingen. Auch wenn etwas fromm klingt, kann es dennoch schädlich sein, und was als besonders heilig dargestellt wird, kann unheilvolle Konsequenzen mit sich bringen. Der Lichtengel verbirgt seinen Einfluss hinter angeblichem Eifer in geistlichen Belangen. Er täuscht eine falsche Wirklichkeit vor, verführt, manipuliert, hintergeht, lügt und betrügt. Dieses Prinzip beschreibt nicht nur das Verhalten der Täter und Täterinnen. Langfristig übernehmen die Opfer derartige Erwartungen, Ansprüche oder Forderungen, um sich damit selbst noch zusätzlich unter Druck zu setzen. Mit Ignatius kann man sagen, dass es sich dabei nicht um ihr wahres Ich handelt, sondern um den verinnerlichten Einfluss des Lichtengels. Das an sich schon schwierige äußere Ausscheiden aus missbräuchlichen Beziehungen ist dennoch leichter als die innere Ablösung von den übernommenen Grundhaltungen, Selbstverpflichtungen und automatisierten Vorstellungen.

Zur besseren Unterscheidung fordert Ignatius daher im selben Kontext in der 5. Regel dazu auf, alle Etappen eines spirituellen Prozesses im Blick zu behalten: „*Nur wenn der Anfang, die Mitte und das Ende, alles gut ist, (…) dann ist dies ein Kennzeichen des guten Engels.*" Er fährt fort, alles, was die Seele schwächt, beunruhigt oder verwirrt, „*ist ein deutliches Kennzeichen, dass es vom bösen Geist herkommt*". Mit einem Vergleich verdeutlicht Ignatius auf drastische Weise, was er meint: Man erkennt „*den Feind der menschlichen Natur an seinem Schlangenschwanz*", d. h. am bösen Ergebnis, zu dem sein Einfluss die Menschen treibt. Entscheidend für die Unterscheidung ist daher nicht der Anfang einer Erfahrung, sondern ihre Gegenwart und ihr (voraussichtliches) Ende. Die Bibel spricht davon, dass man erst an den Früchten erkennen wird, welchen Wert eine Handlung hat (Matthäus 12,33). Opfer geistlichen Missbrauchs erzählen voller Begeisterung von den Anfängen ihrer Gemeinschaft. Der Himmel erschien ihnen offen, sie hatten ihr Glück ebenso wie den Sinn im Leben gefunden. Die Veränderungen traten schleichend, fast unmerklich auf, sodass es ihnen schwerfiel anzuerkennen, wie anders der Alltag sich gestaltete und wie schädlich er für sie geworden war. Die Nostalgie des faszinierenden Anfangs, gebunden an die Hoffnung, dorthin zurückzufinden, beeinflussten sie weiterhin. Wie schmerzhaft ist es, sich einzugestehen, dass man mit all seinem jugendlichen Elan getäuscht worden ist und sich in Wirklichkeit auf einem schädlichen Weg befindet. Häufig sind es erst die körperlichen Symptome wie Erschöpfung oder Depression, die einen zwingen, der Wahrheit ins Auge zu sehen: Das, was gut begonnen hatte, ist zur Sklaverei geworden. Besonders perfide ist dabei, dass Kritik an gegenwärtigen Missständen von Verantwortlichen mit den Erzählungen der wunderbaren Anfänge wieder entkräftet wird. Was so heilig begonnen hat, darf nicht infrage gestellt werden.

Zwei Heerlager unterscheiden

Eine Übung aus dem Exerzitienbuch lässt sich besonders gut auf die Frage nach geistlichem Missbrauch anwenden. Es geht um die Besinnung über die zwei Lager: das eine von Christus, das andere vom „*Todfeind unserer menschlichen Natur*“ (EB 136–139). Anstelle der beiden Feldlager kann man sich vorstellen, dass es sich um zwei Gruppen handelt, die eine geprägt von einer gesunden christlichen Spiritualität, die andere beeinträchtigt von geistlich missbräuchlichem Denken, Reden und Handeln. Vorstellen meint nicht nur das reflexive Denken, sondern betrifft auch die damit verbundenen Emotionen. Auf meinen Seminaren lasse ich die Teilnehmenden dies im Raum mit Bodenankern ausprobieren: Auf einer Seite befindet sich das Lager Christi, auf der anderen das des „bösen Feindes“. Die Personen bewegen sich im Raum, wobei sie sich bemühen wahrzunehmen, was ihnen zu den unterschiedlichen Positionen einfällt und wie sich ein Aufenthalt dort anfühlt. Danach schreiben sie passende Begriffe auf Moderationskarten und positionieren diese am Boden. Allein kann man es etwas ähnlich mit zwei verschiedenen Blättern machen, auf denen die Begriffe assoziativ notiert werden. Die Unterschiede in der inneren Dynamik freier oder missbräuchlicher Beziehungen werden noch stärker fassbar, wenn die Begriffe am Ende laut vorgelesen werden, um sie noch einmal auf sich wirken zu lassen.

Abschließend schaut man, wo eine bestimmte Gruppe bzw. Beziehung intuitiv zu verorten wäre: sehr nah beim Lager des Feindes oder eher weiter davon entfernt? Die bildhafte und erfahrbare Trennung der beiden Lager kann eine Evidenz auslösen. Herz und Verstand begreifen gleichzeitig, wo eine bestimmte Situation einzuordnen ist: eindeutig auf einer Seite oder zumindest tendenziell dorthin geneigt. Zur Veranschaulichung hier einige Rückmeldungen einer Seminargruppe:

Lager Christi	Lager des Feindes
Güte, Wohlwollen	Überhebliche Herablassung, Bevormundung
Freiheit, Weite	Diffuse Ängste, Enge, Gewalt
Klarheit, Transparenz	Verwirrung, Willkür
Wahrheit, echt und authentisch sein	Vortäuschung falscher Tatsachen, Oberflächlichkeit, Scheinheiligkeit
Zufriedenheit, tiefe Befriedigung	Neid, Eifersucht
Scheitern und Schwäche dürfen sein	Leistungsdruck, Elitedenken, Strenge
Vielstimmiger, wohlklingender Gesang	Eintönigkeit, Monotonie, Starrheit
Gelassenheit, Zuversicht	Hektik, Überaktivität, Anspannung
Aufmerksam, zugewandt für andere(s)	Misstrauen, Verurteilungen,
Schönheit	Kitsch

Indifferent werden

Eine weitere Hilfe, um geistlichen Missbrauch zu erkennen, lässt sich aus dem Prinzip und Fundament der Exerzitien in EB 23 ableiten: „*Der Mensch ist geschaffen, um Gott unsern Herrn zu loben, ihm Ehrfurcht zu erweisen und ihm zu dienen und mittels dessen seine Seele zu retten und die übrigen Dinge auf dem Angesicht der Erde sind für den Menschen geschaffen […] Darum ist es notwendig, uns allen geschaffenen Dingen gegenüber gleichmütig (indiferentes) zu verhalten in allem, was der Freiheit unseres freien Willens überlassen und nicht verboten ist. Auf diese Weise sollen wir von unserer Seite*

- *Gesundheit nicht mehr verlangen als Krankheit,*
- *Reichtum nicht mehr als Armut,*
- *Ehre nicht mehr als Schmach,*
- *langes Leben nicht mehr als kurzes,*
- *und folgerichtig so in allen übrigen Dingen.*“[10]

Wie wir bereits gesehen haben, neigen missbräuchliche Gruppen zu Fixierungen oder Übertreibungen. Zum Beispiel: a) Nur unsere Mitglieder leben die richtige Berufung. Wer geht, verliert Sinn und Ziel seines Lebens. b) Was schwerfällt, muss bis zur Selbstaufgabe ertragen und „aufgeopfert" werden. c) Gehorsam hat nur einen Wert, wenn es blinder Gehorsam ist. Keuschheit ist nur echt, wenn es perfekte Keuschheit ist. Armut muss absolute Armut in allen Dingen sein. Ignatius hingegen fordert auf, nach beiden gegensätzlichen Positionen gleichermaßen verlangen zu können und beide, je nachdem, was Gott im Leben fügt, aus ganzem Herzen zu erwählen. Alles kann zum Weg der Nachfolge Christi werden. Die obige Liste lässt sich auf vielerlei Weise fortsetzen, je nachdem, wo die persönlichen Begierden oder Bedürfnisse liegen:

- Leiten oder geleitet werden,
- Anerkennung erhalten oder im Verborgenen seinen Dienst tun,
- Erfolg oder Misserfolg erleben,
- Gestalten oder Geschehen lassen,
- Arbeiten in einer untadeligen Kirche oder in einer mit Sünden und Skandalen befleckten.

In meinen Seminaren machen wir dazu folgende Übung: Eine weite Achse in der Mitte des Raumes führt zu einer Christusikone. Rechts und links davon werden die gegensätzlichen Positionen mit gegenüberliegenden Bodenankern markiert. Die Teilnehmenden gehen schweigend umher und spüren, wie es ihnen auf den verschiedenen Positionen geht. Wo zieht es sie mehr hin? Was können sie gar nicht akzeptieren? Wofür wären bzw. waren sie bereit, Opfer zu bringen? Wo sind sie mit Versprechungen oder Verheißungen verführbar? Es ist normal, dass man sich zu einigen Positionen mehr hingezogen fühlt, als zu anderen. Wenn für eine Person ein Begriff völlig inakzeptabel erscheint, wird sie sich ausschließlich der gegenüberliegende Seite zuwenden und muss sich dafür von der Ikone abwenden. Das ist das Prinzip eines Idols. Es nimmt den Menschen gefangen, sodass er das Göttliche aus dem Blick verliert.

Um zu erkennen, ob eine Beziehung oder ganze Gruppe anfällig für geistlichen Missbrauch ist bzw. ob er dort bereits geschieht, kann man nach Werten Ausschau halten, die dort absolut gesetzt werden. Wenn in ihrem Namen Opfer gefordert und erbracht werden, haben Sie ein klares Indiz dafür, dass in besagter Gemeinschaft oder Beziehung geistlicher Missbrauch vorkommt. Während Ideale den Menschen einladen, über sich hinauszuwachsen, wird im Namen von Idolen Druck ausgeübt und spezifisches Verhalten erzwungen. Idole lassen sich an den mit ihnen verknüpften Opfern erkennen:

- Für das Fortbestehen und Wohlergehen der Gemeinschaft werden Interessen und Bedürfnisse einzelner Mitglieder geopfert.
- Um das Ansehen der heiligen katholischen Kirche zu beschützen, wurde das unsagbare Leid der Opfer sexuellen Missbrauchs jahrelang missachtet.
- Für den Erfolg der Ernte im Reich Gottes wurden Mitarbeiter gezwungen, ihre Gesundheit zu opfern.
- Um in einer angesehenen christlichen Gruppe einen Platz zu finden, wird die eigene Individualität ausgelöscht.
- Für Klarheit, Eindeutigkeit und Sicherheit in komplexen Fragen des Lebens wird das eigenständige Denken aufgegeben.
- Um der Illusion eines perfekten Lebenssinns willen wird die eigene Intelligenz verleugnet.[11]

Feindliche Strategien verstehen

Abschließend werfen wir noch einen Blick auf *„die drei Strategien des Feindes der menschlichen Natur"*, die Ignatius beschrieben hat. Sie verdeutlichen Taktiken und Dynamiken, an denen man auch geistlichen Missbrauch erkennen kann.

1. Der Feind verhält sich wie eine Frau: *„Er wird durch Kraft schwach – und stark durch Nachgiebigkeit"* (EB 325). Hierbei handelt es sich nicht um eine sexistische Bemerkung, sondern um eine Metapher. Auch bei geistlichem Missbrauch gilt, dass Widerstand den Einfluss des Bösen schwächt, wohingegen Nachgiebigkeit ihm noch mehr Raum gibt. Wer bereits lange in missbräuchlichen Beziehungen existiert, wird in die schädliche Dynamik immer tiefer hineingesogen, kann sich kaum noch wehren, bis er sich dabei selbst verliert. Wer sich hingegen noch wehren kann, trifft zwar auf Widerstand, begrenzt aber dennoch den Einfluss des oder der Täter. Man muss in derartigen Auseinandersetzungen sowohl mit Beschuldigungen als auch mit Drohungen rechnen. Unterstützung von außerhalb durch gute Freunde, Familie, Beraterinnen und Begleiter ist notwendig, um sich nicht einschüchtern oder entmutigen zu lassen.
2. Der Feind verhält sich wie ein falscher Liebhaber: *„Er will verborgen sein und nicht entdeckt werden"* (EB 326). Menschen in der Täterrolle laden andere nicht offen ein: „Kommt zu mir, folgt mir nach, lasst euch ausnutzen. Ich will euch manipulieren und missbrauchen!" Im Gegenteil, sie spielen mit verdeckten Karten, verführen, täuschen, lügen und betrügen. Daher darf man sich,

wenn man geistlichen Missbrauch entdecken möchte, nicht vom Schein trügen lassen, sondern muss hinter die Fassade schauen. Aussagen und Versprechen sollten auf ihren Wahrheitsgehalt hinterfragt werden: Wie realistisch sind die Visionen? Wann, von wem und wie sollen sie umgesetzt werden? Was sagt der gesunde Menschenverstand? Sind die Zahlen über angebliche Erfolge überprüfbar?

3. Der Feind verhält sich wie ein Anführer: *„Wo er uns am meisten in Not [...] findet, dort greift er uns an [...]* (EB 327). Dieses Verhalten ist typisch für Menschen, die ihre Macht missbrauchen, um andere damit zu unterdrücken. Weil sie häufig ein feines Gespür dafür haben, wo die ihnen anvertrauten Personen bedürftig und in der Tiefe verletzbar sind, können sie diese auf boshafte und manchmal sogar perverse Weise angreifen und fertig machen. Wo dies mit geistlichen Mitteln passiert, handelt es sich um geistliche Gewalt. Bei Meinungsverschiedenheiten im Orden ist es ein Totschlagargument (!), einer Schwester mit ewiger Profess die Fähigkeit zum Gehorsam abzusprechen und ihr mit Rauswurf zu drohen. Ähnlich brutal ist es, wenn Gemeinschaftsmitgliedern, die Erholung wünschen, vorgeworfen wird, ihrer Berufung unwürdig zu sein, da sie radikale Nachfolge samt absoluter Hingabe verweigern würden.

Klarheit wiedergewinnen

Wir haben gesehen, dass sich vielfältige Hinweise des Exerzitienbuches zur Unterscheidung der Geister auf die

Frage anwenden lassen, ob es sich in bestimmten Situationen und Konstellationen um geistlichen Missbrauch handeln könnte: Die Metapher vom Engel des Lichtes, der Gläubige im Namen Gottes täuschen und verführen will, die Wichtigkeit innerer Regungen, die Aufdeckung von Fixierungen mit dem damit verbundenen Schwarz-Weiß-Denken. Für Täter ist es sehr schwer, sich ihrer Verantwortung und ihres Fehlverhaltens bewusst zu werden. Sie sind häufig wie mit Blindheit geschlagen und bräuchten eine Intervention des Heiligen Geistes, der sie die egoistischen inneren Motivationen erkennen lässt. Ein großer Misserfolg und/oder öffentlicher Skandal öffnen einigen – leider viel zu wenigen – die Augen für ihr manipulatives Verhalten. Personen in der Opferrolle erkennen häufig selber nicht, was ihnen angetan wird, da sie sich in einem Nebel aus Verwirrung, Täuschung und Durchhaltewillen bewegen. Für die Aufarbeitung geistlichen Missbrauchs ist die Erkenntnis dessen, was falsch gelaufen ist, eine ganz wesentliche Etappe, die Monate oder sogar Jahre dauern kann. Erst allmählich wird sich die schmerzhafte Wahrheit in Herz und Verstand entfalten. Diese Entdeckung aber ist entscheidend für den langen Weg (zurück) in die Freiheit. Wie Missbrauchsopfer auf diesem Weg begleitet, unterstützt und gefördert werden können, wird im nächsten Kapitel ausführlich vorgestellt.

3. Geistlichen Missbrauch überwinden

Im vorherigen Kapitel habe ich beschrieben, wie man erkennen kann, ob es zu geistlichem Missbrauch gekommen ist. Nun schauen wir, wie diese schmerzhaften Erfahrungen mit ihren dramatischen Folgen verarbeitet werden können. Einerseits handelt es sich um traumatisierende Erlebnisse, die therapeutischer Hilfe bedürfen, andererseits aber wurde die spirituelle Integrität verletzt, die ebenfalls einer Wiederherstellung und Entwicklung bedarf. Hier setzt die geistliche Begleitung an. Ich spreche ganz bewusst nicht von Heilung, sondern lieber von Wiederherstellung oder Genesung. Damit möchte ich deutlich machen, dass es um einen längeren Prozess geht, der sich im Herzen und in der Seele der begleiteten Person ganz individuell entfaltet. Auf keinen Fall sollen alte Hoffnungen auf „Wunderheilung" stimuliert werden, welche dann geschieht, wenn nur die richtige Begleiterin oder die korrekte Gebetsformel zur Verfügung steht. Außerdem klammere ich in diesem Zusammenhang therapeutische Aspekte aus, weil hier jene Hilfestellungen im Vordergrund stehen, die geistlich missbrauchten Menschen wieder Zugang zu ihrem eigenem ganz persönlichem Glaubensleben ermöglichen können. Geistliche Begleitung kann Opfer unterstützen, die Gott suchen und wieder beten wollen. Menschen, bei denen das nicht (mehr) der Fall ist, sind sicherlich in einer anderen Form von Beratung besser aufgehoben, in der sie sich nicht auch noch mit Glaubensfragen auseinandersetzen müssen.

Die ignatianische Spiritualität bietet nicht nur Prinzipien und Haltungen für den Weg dieser Wiederherstellung und Genesung an, sondern auch wohltuende heilsame Methoden.[12] Darüber hinaus unterstützt sie die Entwicklung des Glaubenslebens. Ich leite sie aus dem Text des Exerzitienbuches ab und fokussiere im Folgenden die Perspektive der geistlichen Begleiter und Begleiterinnen. Die Erlebnisse und mögliche Reaktionen der Opfer des Missbrauchs sind individuell so verschieden, dass ich sie nicht verallgemeinern oder den Eindruck erwecken möchte, ihnen hier vorzuschreiben, wie ihr Genesungsprozess ablaufen müsste. Ich vermute aber, dass auch sie von den folgenden Hinweisen profitieren können. Gleiches gilt für die Personen, die auf andere Weise vom Thema des geistlichen Missbrauchs betroffen sind, z. B. als Verantwortungsträger in Kirche und Gemeinde.

Zuerst stelle ich grundlegende Haltungen in der Begleitung von Opfern geistlichen Missbrauchs dar. Anschließend zeige ich verschiedene Wege auf, um im Gebet wieder Kontakt zum eigenen Denken und Fühlen zu bekommen. Außerdem gehe ich auf Prinzipien ein, mit denen Menschen (wieder) lernen, eigene Entscheidungen zu treffen. Schließlich folgen Überlegungen zur Praxis der Selbsthingabe. Das ist besonders wichtig, weil in vielen missbräuchlichen Kontexten mit Forderungen nach Selbstaufgabe oder Selbstverleugnung Menschen massiv unterdrückt und ausgebeutet werden.

3.1. Grundhaltungen für die Begleitung geistlich missbrauchter Personen

Bei Opfern von geistlichem Missbrauch handelt es sich um traumatisierte Menschen. Man nähert sich einer verletzten Seele und kann davon ausgehen, dass, wie bei einer körperlichen Wunde, jede auch noch so gut gemeinte Berührung Schmerzen auslösen könnte. Daher muss man äußerst behutsam vorgehen.[13] Die im Folgenden beschriebenen Haltungen sollten zwar in jeder Form von geistlicher Begleitung zu den Standards gehören, bedürfen hier aber besonderer Beachtung. Während eine in sich gefestigte Person es verkraften kann, wenn sich die Begleiterin bei allem Bemühen dennoch einmal unachtsam und ungeschickt verhält oder falsche Worte findet, kann dies bei bereits traumatisierten Menschen zu erneuten schmerzhaften Verletzungen führen.

Eigene Betroffenheit bearbeiten

Bevor jemand die geistliche Begleitung von Opfern geistlichen Missbrauchs übernimmt, sollte er sich möglichst im Klaren sein, inwieweit er selber vom Thema betroffen ist. Es macht einen großen Unterschied, ob jemand sich eher mit der Opfer- oder Täterseite identifiziert. So könnten die Erzählungen eigene schmerzhafte Erinnerungen wachrufen oder gar traumatische Erlebnisse triggern. Die Bearbeitung der eigenen Themen muss gut vorangeschritten sein, um andere auf diesem Weg zu begleiten. Es könnte auch sein, dass eine Begleiterin durch die

Berichte der Opfer mit dem daran gebundenen Leid, mit der eigenen Täter- oder Mittäterschaft konfrontiert wird, wenn auch aus einem anderen kirchlichen Kontext. Auch das muss aufgearbeitet werden. Nur so wird sie in der Begleitung die Täterlogik nicht fortsetzen, d. h. zum Beispiel nicht dazu neigen, diese zu entschuldigen oder zu versuchen, deren Verhalten ausführlich zu erklären. Mit anderen Worten: die Hilfe und Unterstützung für die (zukünftigen) Klienten beginnt mit der Hilfe und Unterstützung für sich selbst. Das ist die unverzichtbare Voraussetzung dafür, den ihnen anvertrauten Personen den größtmöglichen Freiraum für die eigene Genesung und Wiederherstellung bieten zu können.

Druck vermeiden

Wie bei einer körperlichen Wunde ist jeglicher Druck zu vermeiden. Das schließt auch unausgesprochenen Erwartungsdruck mit ein, der vielleicht an ein bestimmtes Ergebnis der Gebetsübungen oder den Erfolg der Gespräche gebunden ist. Das kommt zum Beispiel in folgender Aussage zum Ausdruck: „Mach dir keinen Druck, du bist noch nicht so weit!". Die Aussage unterstellt, dass die begleitete Person auf dem falschen Weg ist und erst allmählich in die richtige Spur kommen wird. Das drückt Herablassung und Erniedrigung aus. Es kann zwar wohlgemeint sein, ist aber dennoch hochgradig manipulativ.

Der Begleiter soll sich „*in der Mitte stehend wie eine Waage*" (EB 15, 179) halten. Er soll weder in die eine noch die andere Richtung auf die Begleiteten Einfluss nehmen, und zwar auch dann, wenn Personen (noch) nicht bereit sind, missbräuchliche Strukturen zu erkennen und/oder sich aus ihnen zu lösen. Das kann zu den schwierigsten Herausforderungen am Beginn einer Begleitbeziehung gehören.

Was Ignatius über die Begleitung von Personen in Zeiten der Trostlosigkeit sagt, lässt sich auf Opfer geistlichen Missbrauchs übertragen: Er soll sich „*nicht hart und mürrisch, sondern freundlich und sanft verhalten. Er soll ihm für künftig Mut und Kräfte geben* […]" (EB 7). Freundlichkeit, Sanftheit, Vorsicht, Wohlwollen und Ermutigung sind als Grundhaltungen im Umgang mit traumatisierten Menschen unabdingbar, um zu den schon bestehenden Verletzungen nicht neue hinzuzufügen. Hinzu kommt Geduld, sehr viel Geduld. Der Begleiter muss einen langen Atem haben und abwarten können, um nicht bildlich gesprochen an den ersten Halmen oder Blättern zu ziehen, damit sie möglichst schneller wachsen.

Da geistlich missbrauchten Menschen immer wieder vorgeschrieben wurde, was sie zu glauben und wie sie zu beten haben, ist es wichtig, dies von nun an zu unterlassen, auch dann, wenn diese ausdrücklich darum bitten. In so einem Fall könnte man mehrere Optionen vorschlagen. Die begleitete Person muss dann selber entscheiden, wie sie sich dazu positionieren will bzw. was davon sie ausprobieren möchte. Ihre Wahlfreiheit wird damit unterstützt. Eine typische Falle besteht darin, dem anderen das anzubieten oder vorzuschreiben, was einem selber einmal geholfen hat. Mit den Worten des Ignatius: Es könne „*keinen größeren Fehler in den geistlichen Dingen geben, als die anderen nach einem selbst leiten zu wollen*".[14]

Falls die ehemaligen Opfer Ihnen schwierige Beziehungsmodelle, wie zum Beispiel die Delegation von Eigenverantwortung anbieten, kritisieren Sie das nicht. Diesen Personen fehlt schlicht die Erfahrung, wie Beziehungen auch anders gestaltet werden können. Das alte Beziehungsmuster kann eventuell behutsam angesprochen werden. Es geht dann nicht um Vorwürfe, sondern um eine Bestandsaufnahme und das gemeinsame Entdecken, warum das so ist und wie es allmählich verändert werden könnte.

Stabilität fördern

Zu Beginn der Begleitung steht die Stabilisierung des (ehemaligen) Opfers im Vordergrund: Wo findet es Sicherheit und kann zur Ruhe kommen? Was macht ihm Mut und stärkt seine Hoffnung? Welche anderen Unterstützungsmöglichkeiten gibt es? Notwendig (Not-wendend) ist es darüber hinaus, die heil gebliebenen Aspekte in der begleiteten Person zu entdecken, ihr Potenzial zu erahnen, sie darin zu fördern, zu ermutigen und ihr zur Entfaltung zu helfen. Für Stärkung und Stabilisierung kann man sich gar nicht zu viel Zeit nehmen. So entsteht eine möglichst sichere Basis, die es leichter macht, sich mit den Abgründen des eigentlichen Missbrauchs zu beschäftigen. Grundsätzlich sollte jede Begleitbeziehung geprägt sein vom Zutrauen in die begleitete Person. Außerdem braucht es festes Vertrauen in das, was sich im gemeinsamen Prozess entwickeln und ins Leben finden wird. Dieses Grundvertrauen strahlt auch ohne Worte auf die begleitete Person aus.

Wer das Vertrauen in andere und sich selbst verloren hat, muss ausprobieren, ob der andere sich als „vertrauenswürdig“ erweist. Geistliche Begleiterinnen können damit rechnen, dass sie hinterfragt und getestet werden. Wenn es geschieht, darf man sich freuen, denn es ist ein Anzeichen dafür, dass das Gegenüber vertrauen möchte. Die geistliche Begleiterin sollte sich davon nicht verunsichern lassen. Im Gegenteil, sie kann geduldig auf Anfragen reagieren, Zweifel aushalten, Fragen beantworten, im Kontakt bleiben, um die Vertrauensbasis der Begleitbeziehung zu festigen. Darüber hinaus ermöglicht sie der anderen Person, eine Ahnung davon zu bekommen, dass auch Gott sich ihr geduldig, verständnisvoll, liebevoll und respektvoll zuwenden möchte. Das sind bereits wichtige Schritte auf dem Weg der Genesung.

Termine sollten möglichst nicht verschoben, Absprachen eingehalten und Pünktlichkeit gelebt werden, denn Verlässlichkeit ist ebenfalls eine Bedingung auf dem Weg der Vertrauensbildung. Transparente Regeln geben nicht nur Orientierung, sondern fördern auch die Glaubwürdigkeit. Missbrauchsopfer sind durch übergriffiges, grenzverletzendes Verhalten geschädigt worden, umso wichtiger sind sauber definierte Rollen und ein klarer Rahmen. Das bietet Sicherheit, die es leichter macht, sich anzuvertrauen.

Grenzen respektieren

Generell sind die Grenzen der verletzten Person sehr aufmerksam wahrzunehmen und bedingungslos zu respektieren. Diese ergeben sich möglicherweise schon durch das Setting, in dem die Gespräche stattfinden. Wenn sie immer wieder in einem Besprechungszimmer mit gegenüberstehenden Stühlen verletzt wurde, kann es für sie schwer erträglich sein, sich wieder in einem ähnlich eingerichteten Raum wiederzufinden. Man muss dann gemeinsam herausfinden, wie das Setting am besten zu gestalten ist. Die begleitete Person entscheidet ebenfalls primär über den Wechsel von Nähe und Distanz. Sie ist frei, bestimmte Themen anzusprechen oder eben nicht, sie zu vertiefen oder an der Oberfläche zu verweilen. Sie gibt vor, wie sehr sie sich selber oder andere infrage stellt. Ihre Wünsche nach der passenden Frequenz und Dauer der Gespräche sind ernst zu nehmen, auch wenn sie nicht immer eins zu eins erfüllt werden können. Wünschen darf sie aber. So kann sie in der Begleitung die für sie vielleicht noch ungewohnte Erfahrung machen, angehört, verstanden und ernst genommen zu werden.

Eine besondere Grenze ergibt sich, wenn für das Thema sensibilisierte Begleiter schneller erkennen als die begleitete Person, wo es zu geistlichem Missbrauch gekommen ist oder wo er aktuell vorliegt. Manche Menschen suchen Begleitung, obwohl oder weil sie in der missbräuchlichen Beziehung verharren. Es erfordert Feingefühl in der Wahl der Worte und Klugheit in Bezug auf Fragen, die man diesen Personen mit auf den Weg geben möchte. Denn diese brauchen Zeit, um eine langjährige Zugehörigkeit infrage zu stellen, sich innerlich neu zu sortieren und sich allmählich aus ungesunden Abhängigkeiten zu lösen. Von der ersten Ahnung bis zum Schritt, sich endgültig zu verabschieden, ist es ein langer Weg. Eventuell entstehen moralische Dilemmata, wenn Begleiterinnen den Eindruck haben, durch eine Art von Psychohygiene die begleiteten Personen darin zu unterstützen, es in den missbräuchlichen Strukturen noch länger aushalten zu können und so letztlich nichts verändern zu müssen.

Auch die geistliche Begleitung hat Grenzen, die kommuniziert werden müssen. Bei schweren Traumata, die zusätzlich Kindheitswunden reaktiviert haben, wird eine begleitende Psychotherapie nötig sein. Das müssen geistliche Begleiter ansprechen, um liebevoll, aber beständig zu ermutigen, sich zusätzliche therapeutische Hilfe zu suchen. Wenn der geistliche Begleiter selber Therapeut ist, sollte er dennoch nicht beide Rollen übernehmen. Das kann zu Verwirrung und zu unguten Abhängigkeiten führen. Sollte die begleitete Person feststellen, dass Therapeut und Begleiterin in manchen Fragen unterschiedlicher Meinung sind, ist das ausdrücklich zu begrüßen. So wird sie gefordert, sich in der Frage selber zu positionieren. Sie kann sich für eine der beiden Meinungen entscheiden, einen Kompromiss finden oder noch etwas ganz anderes wählen.

Bindung ermöglichen

Das Ziel der Übungen im Exerzitienbuch ist es, „*die Seele darauf vorzubereiten und einzustellen, alle ungeordneten Anhänglichkeiten von sich zu entfernen und nachdem sie entfernt sind, den göttlichen Willen in der Einstellung des eigenen Lebens zum Heil der Seele zu suchen und zu finden*" (EB 1). Trotz der altertümlichen Sprache ist diese Zielformulierung hochaktuell: ungeordnete Anhänglichkeiten lösen. Das ist nichts anderes, als sich aus ungesunden, einschränkenden, übergriffigen und missbräuchlichen Abhängigkeiten zu lösen, um dadurch Heil und Heilung der Seele zu finden. Genau das wünschen sich viele Opfer geistlichen Missbrauchs. Das Gegenteil ungeordneter Anhänglichkeiten ist nicht absolutes Losgelöst-Sein, sondern es sind geordnete Anhänglichkeiten. Es fällt viel leichter, etwas Altes loszulassen, wenn einem etwas Neues angeboten wird. Wer sich aus missbräuchlichen, schädlichen oder gar zerstörerischen Beziehungen lösen möchte, hat Angst davor, ins Nichts zu stürzen und ganz allein dazustehen, deshalb sollte geistliche Begleitung von Missbrauchsopfern ein echtes Bindungsangebot beinhalten. Das ermöglicht die vielleicht erste „geordnete Anhänglichkeit". Weil größere Nähe und engere Bindung das Risiko erhöhen, in alte Bindungsmuster hineingenommen oder sogar verstrickt zu werden, ist in solchen Fällen regelmäßige Supervision oder Intervision unerlässlich. So abgesichert, können die Begleiterinnen wirklich für ihr Gegenüber da sein.

Supervision nutzen

Um den Opfern von geistlichem (und anderem) Missbrauch beistehen zu können, muss die eigene Biografie möglicher Missbrauchserfahrungen im kirchlichen Kontext bekannt und einigermaßen bearbeitet sein. Ansonsten besteht die Gefahr, die eigene Geschichte mit dem Erleben der begleiteten Personen zu sehr zu vermischen und zu versuchen, eigene Themen in der Begleitung zu bearbeiten. Etwas plakativ formuliert: Geistliche Begleiter sollten satt in die geistliche Begleitung gehen! Wenn sie ihre eigenen Bedürfnisse kennen, für sich andere Orte und Beziehungen so gestalten, dass für diese gesorgt wird, können sie die von ihnen begleiteten Personen frei lassen. Sie brauchen den Dienst der Begleitung dann nicht für die Befriedigung eigener Bedürfnisse. Das macht sie unabhängig von Zuwendung, Lob, Dankbarkeit oder Bewunderung, die ihnen von den begleiteten Personen entgegengebracht werden, oder auch nicht. Das hilft ihnen gleichermaßen, sich von Kritik, Ärger oder Vorwürfen nicht persönlich angegriffen zu fühlen.

Das, was aus dem kirchlichen Umfeld an Missbrauch berichtet wird, kann schockieren, Empörung, Entsetzen, Ärger, Wut, Traurigkeit und tiefe innere Erschütterung auslösen. Diese emotionalen Reaktionen sind Themen für Supervision oder kollegiale Beratung. Es darf nicht die Aufgabe der begleiteten Personen sein, die Emotionen ihrer Begleiterinnen zu regulieren, auch wenn sie in dieser Kunst oft Meister sind. Mehrere Spontanreaktionen sind zu vermeiden: erstens Kirche, Glauben oder bestimmte Personen verteidigen zu wollen; zweitens über Kirche oder bestimmte Personen auch selber zu schimpfen, um so eigenen Frust abzuarbeiten; oder drittens das Gehörte zu verharmlosen und nicht in seiner ganzen Wucht wahrnehmen zu wollen.

Verfügbar sein

Wer sich entscheidet, ein Opfer von schwerem geistlichem Missbrauch zu begleiten, lässt sich auf einen langwierigen

Prozess mit Höhen und Tiefen ein. Er sollte bereit sein, die Person bei Bedarf auch mehrere Jahre zu begleiten. Das setzt ebenfalls Treue und große Verfügbarkeit voraus. In der Anfangszeit oder in Krisen sprechen wir hier durchaus von wöchentlichen Gesprächen. Auf alle Fälle muss die Begleitperson in Krisenzeiten erreichbar und zu einem (telefonischen) Notfalltermin bereit sein. Bevor man sich darauf einlässt, halte man inne und überlege, so wie es im Gleichnis heißt, ob genügend Baumaterial verfügbar ist, um den Turm fertigzustellen (Lk 14,28). Für die Opfer ist es eine Katastrophe, wenn sie nach einem anfänglichen Vertrauensaufbau wieder allein gelassen werden. Manchmal sind Exerzitien mit den täglichen Begleitgesprächen und dem geschützten Rahmen des Exerzitienhauses ein geeigneter Ort, um besonders schmerzhafte Erfahrung anzusprechen und in Gottes Licht zu bringen.

Die Bearbeitung schweren geistlichen Missbrauchs setzt nicht nur zeitliche, sondern auch innere Verfügbarkeit voraus. Man muss bereit sein, sich innerlich darauf einzulassen. Das geht nicht ohne Empathie, emotionale Resonanz und Leidensbereitschaft. Mir fallen dabei häufig die Worte Jesu ein, als er zu seinen Jüngern sagte: „*Ihr aber habt in meinen Prüfungen bei mir ausgeharrt*“ (Lk 22,28).

Beziehungsnetz entwickeln

Die beschriebene Begleitbeziehung darf nicht exklusiv werden, um förderlich zu bleiben. Es ist darauf zu achten, dass Kontakt zu anderen Personen geknüpft wird, damit vielfältige Hilfsangebote entstehen, wie zum Beispiel eine zusätzliche Psychotherapie, Hilfestellungen bei materiellen oder rechtlichen Fragen, die Möglichkeit, bei jemand anderem zur Beichte zu gehen oder Exerzitien zu machen. Wer sich aus einer totalen Institution (E. Goffmann) löst, muss sein soziales Netzwerk neu aufbauen. Die Bedürftigkeit der begleiteten Person ist in dieser Hinsicht so groß, dass die Begleitperson eigene Grenzen kommunizieren sollte. Dabei helfen klare Regeln. Zum Beispiel könne man ihr immer schreiben, sie würde darauf aber nur zu bestimmten Zeiten antworten. Wenn man sich bei anderen Gelegenheiten, wie etwa im Gottesdienst trifft, würde sie es allein der begleiteten Person überlassen, sich zu nähern und sie anzusprechen oder nicht.

Transparenz beachten

Weil Opfer geistlichen Missbrauchs in manipulativen Beziehungsgeflechten gelebt haben, in denen Willkür, Orientierungs- und Hilflosigkeit zur Tagesordnung gehörten, sollte die Begleitperson eigene Überlegungen und Wahrnehmungen regelmäßig kommunizieren. Auch ihre Gedanken zum weiteren Vorgehen sollten besprochen und transparent gemacht werden. Gerade bei der Begleitung von traumatisierten Menschen ist der Drang oft groß, Dinge für sie zu planen oder zu organisieren, wie zum Beispiel ein Netzwerk aufzubauen oder gute Kollegen einzubeziehen. Es ist wichtig, dass wirklich nichts, auch nicht noch so gutgemeinte Aktionen hinter dem Rücken der Opfer erfolgen. Alles muss abgesprochen sein und bedarf der ausdrücklichen Zustimmung der begleiteten Person.

Das gilt auch für eventuelle Meldungen bei zuständigen Stellen im Bistum oder im Extremfall bei der Polizei.

Ambivalenzen aushalten

Die Begleitung von traumatisierten Menschen kann mehr noch als andere von Ambivalenzen geprägt sein. Wenn man die Zusammenhänge versteht, fällt es leichter, die nötige Geduld aufzubringen. So wünschen sich diese Personen einerseits Nähe, schützen sich andererseits aber davor, wodurch sie manchmal kühl oder abweisend wirken. Obwohl sie eigene Entscheidungen treffen wollen, haben sie doch schreckliche Angst, Fehler zu machen. Erst fragen sie um Rat, dann beschweren sie sich, dass man sie beeinflussen will. Sie suchen Autonomie (Ich kann das allein!) und brauchen doch Unterstützung (Hilf mir! Verlass mich nicht!). Trotz aller Dankbarkeit dafür, dass ihnen jemand Zeit schenkt und ihnen helfen will, wissen sie doch nicht, ob sie dieser Person vertrauen können. Die Hauptdynamik besteht im Zusammenspiel der verschiedenen Pole. Auf der einen Seite die wachsame vorsichtige Führung mit teilweise deutlicher Anleitung und auf der anderen Seite die Bereitstellung eines großen Freiraums, in dem alles Mögliche ausprobiert werden kann. Das bedeutet einen ständigen Wechsel zwischen Halten und Loslassen. Ähnlich wie beim Autofahren führen nur das abwechselnde Zusammenspiel von Gaspedal und Bremse zu einem effizienten Fahrstil. In der Therapie ermutige ich bei sehr „braven“ Klienten Widerstand oder Widerspruch. Dadurch entsteht ein heilsamer „double-bind“: „Wenn Sie anderer Meinung sind und widersprechen, zeigen Sie ein Verhalten, das ich befürworte und mir von Ihnen erhoffe!" Der Ausweg aus dieser Zwickmühle besteht für die Klienten darin, dass sie tun und sagen, was ihnen selber richtig erscheint.

Ambivalenzen dürfen von der Begleiterin nicht aufgelöst werden. Wichtiger ist, dass sie wahrgenommen und ausgehalten werden. Beide Seiten haben ihre Berechtigung, sodass der begleiteten Person ein Raum geboten werden sollte, in dem sie von einer Seite zur anderen wechseln und beide Positionen kennenlernen und wertschätzen kann. Sie entscheidet selber, ob sie einer Seite mehr Gewicht geben oder im Spannungsfeld verharren möchte. Durch übersehene oder bewusst ignorierte Ambivalenzen kann es vorkommen, dass die Begleitperson wichtige Entwicklungsschritte blockiert und verhindert.

Nähe und Distanz regulieren

Die Ambivalenzen haben auch Auswirkungen auf die Gestaltung von Nähe und Distanz. Es ist eine Kunst, dem anderen sowohl echte Bindung zu ermöglichen, die eigene Menschlichkeit zu zeigen, sich wirklich präsent zu machen, als ihn auch komplett frei zu lassen, eigene Gedanken, Meinungen, Werte zu formulieren und eigene Wege zu gehen. Mit Ignatius könnte man sagen, dass man sich als Begleiter zwischen Halten und Loslassen ganz indifferent machen sollte. So kann die begleitete Person in aller Freiheit ausprobieren, was ihr *jetzt* hilft und was ihr gut tut. Wenn man eigene Erfahrungen oder Erkenntnisse mitteilen möchte, sollte man nicht in der 1. Person Singular sprechen. Besser ist es, von einer dritten Person zu berichten: einer Freundin, einem Bekannten oder einer Nachbarin. Persönliche Erfahrungen haben schnell zu viel Gewicht und machen es dem Gegenüber schwerer, sich davon zu distanzieren oder sich dagegen zu wehren.

Die beschriebenen Grundhaltungen bilden die Basis, um die vielfältigen Konsequenzen des Missbrauchs zu bearbeiten: Unsicherheit in der Wahrnehmung eigener Gefühle (Regungen), Schwächung der persönlichen Urteilsfähigkeit, Angst vor eigenverantwortlichen Entscheidungen, Schwierigkeiten loszulassen, um sich anzuvertrauen verbunden mit dem, was für die Betroffenen gerade wichtig ist. Das schauen wir uns in den nächsten Abschnitten genauer an.

3.2. Das Eigene fördern

In den einführenden Anmerkungen spricht Ignatius davon, dass die Exerzitien *„je nach der Eignung derjenigen angewandt werden, die geistliche Übungen nehmen wollen“* (EB 18). Eignung beinhaltet hier keine Wertung, die sich auf ein Besser oder Schlechter bezieht. Es handelt sich um den aktuellen Zustand der Person, die sich in Exerzitien oder anderswo geistlich begleiten lässt. Wo steht die Person? Was bringt sie mit an positiven oder schmerzhaften Vorerfahrungen? Welche Gebetsformen sind ihr vertraut und passen zu ihr? Welche Worte findet sie, um über geistliche Prozesse zu sprechen? Anders ausgedrückt: Der Maßstab jeglicher geistlicher Begleitung ist die begleitete Person selber.

Zu sich kommen

Eine der großen Herausforderungen für Opfer von geistlichem ebenso wie emotionalem Missbrauch besteht darin, wieder mit sich selbst in Kontakt zu kommen und der eigenen Wahrnehmung zu vertrauen. Dabei kann auch Gebet helfen. Menschen aus missbräuchlichen Systemen stehen unter einem so starken spirituellen Leistungsdruck, dass sie meinen, sich bei geistlichen Übungen besonders heilig oder perfekt präsentieren zu müssen. Andere wurden zu bestimmten Gebetsformen gezwungen. Wem immer wieder gepredigt wurde, nicht radikal genug in der Nachfolge zu stehen oder nicht mit ganzem Herzen zu beten, traut sich irgendwann nicht mehr, sich und anderen einzugestehen, wie erschöpft er ist, oder dass er im Moment nicht mehr beten mag. So glauben einige von ihnen, dass sie sich selbst und Gott etwas vorspielen müssen. Meine Klienten berichten mir davon, dass sie schrecklich wütend auf Gott sind, weil er nie mit ihnen zufrieden war und so immer noch mehr von ihnen forderte. Das kann tiefe geistliche und geistige Erschöpfung auslösen. Da man im Gebet, so wie es bei ignatianischen Exerzitien gepflegt wird, zur Ruhe kommen kann, ist es eine großartige Möglichkeit, dadurch zu sich selbst zu finden, auf sich zu hören, sich einigen wichtigen Fragen im Leben zu stellen. Dennoch ist es nicht einfach, die für sich passende Gebetsform zu finden. Zur Überwindung des Missbrauchs gehört es aber, eine ganz individuelle authentische Beziehung mit Gott aufzubauen und Gebet dementsprechend zu gestalten. Für den Weg (zurück) zu sich selbst, haben sich einige Anweisungen des Exerzitienbuches als wirklich hilfreich erwiesen.

Für sich Nutzen ziehen

Es erstaunt mich immer wieder, wie häufig Ignatius im Exerzitienbuch hervorhebt, dass man aus den jeweiligen Übungen einen Nutzen für sich selber ziehen solle. Er hatte in Manresa am eigenen Leib erfahren, wohin extreme Selbstverleugnung führen kann. Fortan achtete er auf ein ausgewogenes Verhältnis zwischen „*Gott dienen*“ und „*für die eigene Seele Nutzen ziehen*“. So finden Gottes-, Nächsten- und Selbstliebe eine gesunde Balance. Der Nutzen besteht für Ignatius darin, „*alle ungeordneten Anhänglichkeiten von sich zu entfernen*“, um so den göttlichen Willen „*zum Heil der Seele zu suchen und zu finden*“ (EB1). Am Ende der Übungen soll man sich auf sich „*selbst zurückbesinnen, um irgendeinen Nutzen zu ziehen*“ (EB 114.3, 115.3 und andere). Dieser Ausdruck (*hacer provecho*) kann im Spanischen auch bedeuten „Geschmack finden“, so heißt guten Appetit *buen provecho*. Hier klingen ebenfalls die Bedeutungen auf den Geschmack kommen, verkosten, genießen mit an.

Immer wieder gibt Ignatius die Wahl, eine Übung zu wiederholen oder nicht. Das Maß dafür ist ganz subjektiv: „*Wie es ihm mehr scheint, er werde für sich Nutzen ziehen können*“ (zum Beispiel: EB 209.6). Neben der Person selber sollten auch die Begleiter aufmerksam hinhören und erspüren, wovon der andere am meisten profitiert. Menschen, die geistlich unterdrückt wurden, wird damit eine ganz neue Perspektive eröffnet: Statt Selbstverleugnung können sie lernen, (wieder) auf sich selber zu hören, um zu erspüren, was ihnen guttut oder nicht. Die Begleitgespräche sind ein Resonanzraum, in dem Begleiterinnen auch dazu ein Feedback geben. Wenn die alten Skrupel zurückkommen oder verinnerlichte Stimmen sich wieder melden, die nie zufrieden sind und mehr Radikalität fordern, kann die Stimme der geistlichen Begleiterin ein starkes Gegengewicht sein, um einen liebevolleren Umgang mit sich selber einzuüben.

An anderer Stelle schreibt Ignatius: „*Denn nicht das viele Wissen sättigt und befriedigt die Seele, sondern das Innerlich-die-Dinge-verspüren-und-schmecken*" (EB 2). Auch hier kommt dem geistlichen Begleiter eine wichtige Aufgabe zu. Er kann der begleiteten Person helfen, dorthin zurückzukehren und zu verweilen, wo diese beginnt, etwas wahrzunehmen, das ihre Seele befriedigt, d.h. ihr (eine Ahnung von) Frieden schenkt. Eine gute Ergänzung könnte der regelmäßige Tagesrückblick sein, für den man zu einer bestimmten Tageszeit kurz innehält. P. Willi Lambert hat dafür die Bezeichnung „Gebet der liebenden Aufmerksamkeit"[15] geprägt. Diese Formulierung könnte als Motto für den gesamten Genesungsprozess geistlich missbrauchter Menschen dienen: lernen, nicht nur Gott, sondern auch sich selbst (wieder) liebevoll und aufmerksam wahrzunehmen. In vereinfachter Form besteht das Gebet der liebevollen Aufmerksamkeit aus drei Schritten: 1. Dank (für die guten Dingen, die mir passiert sind und die ich erlebt habe), 2. Verzeihung (für das, was nicht so gut gelaufen ist, woran ich eventuell einen Anteil hatte) 3. Bitte (für alles, was noch offengeblieben ist oder ich mir wünsche). Hierdurch wird die Blickrichtung zusätzlich zu sich selbst geführt, um positive stärkende Erlebnisse noch einmal in Erinnerung zu rufen, sie erneut zu verkosten und um sich mit alledem noch einmal zu Gott hinzuwenden.

Dem individuellen Rhythmus folgen

Der zeitliche Ablauf des geistlichen Prozesses muss individuell gestaltet werden: „*So ist es manchmal erforderlich, die Woche abzukürzen und andere Male, sie zu verlängern*" (EB 4). Bei Ignatius gibt es keinen Druck, besonders schnell voran zu kommen. Seine Vorgabe lautet: „*Bei dem Punkt, bei dem ich finde, was ich will, dort werde ich ruhig verweilen, ohne ängstliche Sorge zu haben, weiterzugehen, bis ich befriedigt bin*" (EB 76). Neben dem Verstehen ist ihm das Verkosten wichtig. Verletzte Herzen sind manchmal wie eingefroren und brauchen Zeit, sehr viel Zeit, um ganz langsam wieder aufzutauen, ähnlich erfrorenen Gliedmaßen, die nur sehr langsam erwärmt und aufgetaut werden dürfen. Auch dann, wenn scheinbar nichts geschieht, kann sich eine ruhige Geduld im Herzen ausbreiten.

Genau genommen handelt es sich bei den vier Wochen oder Etappen des Exerzitienprozesses nicht um ein Phasenmodell, sondern um unterschiedliche Ebenen, auf denen geistliches Leben erfahren und vertieft wird. Wer sich eine Zeit lang auf einer Ebene aufhält, kann dennoch kurzfristig auf- oder absteigen. Menschen, die unter geistlichem Missbrauch gelitten haben, zeigen häufig Ambivalenzen: auf der einen Seite sind sie geprägt von vielen tiefen Glaubenserfahrungen, auf der anderen wurde ihr Glaube durch den Missbrauch so tief erschüttert, dass sie nicht mehr wissen, was sie noch glauben können oder wollen. Die klassischen Schemata über die Entwicklung des geistlichen Lebens, wie zum Beispiel Reinigung, Erleuchtung, Vereinigung greifen da meistens nicht.

Ignatius gibt diese individuellen Freiräume nicht nur für die zeitlichen Abläufe, sondern auch für die körperliche Haltung beim Beten: *„Bald kniend, bald auf der Erde ausgestreckt, bald auf dem Rücken mit dem Gesicht nach oben, bald sitzend, bald stehend, indem ich stets auf der Suche nach dem bin, was ich will“* (EB 76). Für Menschen, die in bestimmte Gebetshaltungen gezwungen wurden, kommt hier eine wunderbare Freiheit zum Ausdruck. Ebenso stellt er es frei, ob die Augen beim Gebet offen oder geschlossen sind (vgl. EB 252).

Sehnsüchten Raum geben

Zu Beginn jeder Gebetszeit oder Übung lädt Ignatius dazu ein, zu erbitten *„was ich will und wünsche“* (EB 48.1) oder *„Die Gnade erbitten, die ich will ...“* (EB 91). Er gibt zwar den Rahmen vor, was das in der jeweiligen Übung sein sollte. Man kann sich aber davon lösen, um sich zu Beginn jeder Gebetszeit erst einmal bewusst zu werden, wie es einem geht, was man für Bedürfnisse verspürt, was man sich hier und jetzt von Gott wünscht und erhofft. Das kann dann in einem freien Gebet formuliert werden. Ich denke dabei an ehemalige Opfer von geistlichem Missbrauch, die mich mit großen Augen angeschaut haben, wenn ihnen langsam bewusst wurde, dass es im Gebet auch um sie, um ihre eigenen Bedürfnisse oder Wünsche geht. Sie sollten jetzt im Mittelpunkt ihres Gebetes stehen. Bisher mussten sie sich an dem ausrichten, was andere ihnen vorschrieben oder was andere zum Beispiel als fürbittendes Gebet von ihnen wollten. Manchmal löste sich die alte Anspannung mit Tränen, gefolgt von einer tiefen Erschöpfung. Mit der Einladung, zuerst Gott zu sagen, wie es einem gerade geht und was man sich von dieser Gebetszeit wünscht, findet eine Fokussierung auf die betende Person statt: Sie kommt zuerst zu sich, um sich dann im zweiten Schritt von dort aus Gott zuzuwenden. Das ist wichtig, da es in missbräuchlichen Gruppierungen häufig andersherum praktiziert wird: Zuerst zählt das, was Gott vom Betenden erwartet oder was die Verantwortlichen als richtige Gebetsweise vorgeschrieben haben.

Manche Menschen haben nur wenig Kontakt zu den eigenen Bedürfnissen. Ihre Bitte zu Beginn könnte lauten „Gott, schaue in mein Herz und hilf mir zu erkennen, was ich wirklich brauche, will und begehre.“ Es handelt sich um eine Art Bestandsaufnahme zu Beginn jeder Gebetszeit. In der abschließenden Reflexion wird diese noch einmal vertieft, wodurch sich der schon genannte „Nutzen“ deutlicher zeigt. Häufig wird erst allmählich die Sehnsucht hinter der Sehnsucht spürbar, die ebenfalls Hinweise auf die grundlegende Ausrichtung der individuellen Gottessuche gibt.

Ein Bedürfnis muss besonders erwähnt werden, da es auf den ersten Blick einem spirituellen Anspruch nicht zu entsprechen scheint: Der Wunsch, in Ruhe gelassen zu werden! Es erfordert Zeit, bis manche Menschen soviel Vertrauen gewonnen haben, dass sie es wagen, so eine Herzenssehnsucht offen und ehrlich zu formulieren. Es mag paradox erscheinen, dass sich jemand zwar Zeit zum Beten nimmt, dabei aber von Gott nicht gestört werden möchte. Für Personen, die von strengen, fordernden und überfordernden Gottesbildern geprägt wurden, macht das aber durchaus Sinn. Sie wollen erfahren, dass Gott sie wohlwollend respektiert, liebevoll wahrnimmt, wie es ihnen geht und „zufrieden" damit ist, einfach nur bei ihnen zu sein.

Für einige meiner Klienten war es hilfreich, sich mit ihrer Vorstellungskraft im Gebet einen sicheren Ort zu schaffen. Andere haben manchmal unerwartet einen Zufluchtsort von Gott geschenkt bekommen. Dort waren sie vor Überforderung geschützt und durften so sein, wie sie sich gerade fühlten: müde, erschöpft, matt, frustriert, besorgt, traurig, ärgerlich oder froh, entspannt, neugierig, unternehmenslustig, oder … Selbst Jesus bekam nur Zutritt, wenn sie es so wollten. Es sind ungemein heilende Erfahrungen, dass Gott die von ihnen gesteckten Grenzen wohlwollend wahrnimmt und liebevoll respektiert. Gefühle wahrnehmen und vor Gott bringen, sich Gedanken machen und diese mit Gott besprechen, diese Themen werden nun noch einmal vertieft.

3.3. Beten mit Kopf und Herz

Opfer langjährigen geistlichen Missbrauchs haben, wie bereits erklärt, Mühe, die eigenen Gefühle wahrzunehmen und sich persönliche Meinungen zu bilden. Von daher können ihnen Gebetsformen helfen, welche sowohl das Gespür für die eigenen Empfindungen stärken als auch die Fähigkeit zur selbstständigen Reflexion anregen. Ignatius verfolgt in seinen Gebetsanweisungen genau diese Anliegen und schreibt zum Beispiel: „*Weiterhin mehr im Einzelnen mit dem Verstand nachdenken, und weiterhin mehr das Verlangen mit dem Willen bewegen*" (EB 50.6). Im Exerzitienbuch findet man einerseits Gebetsformen, bei denen der Verstand im Vordergrund steht: Besinnung *(meditación)* und Erwägung *(consideración)*. Andererseits gibt es die Betrachtung *(contemplación)*, bei der mehr das innere Gespür für Regungen und Gefühle in den Mittelpunkt rücken. In der Praxis der drei genannten Gebetsweisen wird es möglich, in der Gegenwart Gottes sowohl den Verstand zu gebrauchen als auch achtsam und wohlwollend innere Bewegungen aufsteigen zu lassen. Dabei gilt der Grundsatz: Lass kommen, was kommt! Alles darf sein! Solche Gebetsübungen wollen nicht bestimmte Einsichten oder Gefühle „produzieren", sondern bieten den Raum, vor Gott all das aufsteigen zu lassen, was kommt. Opfer von geistlichem Missbrauch brauchen beides: neues Zutrauen in die eigene Wahrnehmung und den Mut, wieder eigenständig zu denken, zu beurteilen und zu entscheiden. Dafür bieten die geistlichen Übungen verschiedene Anregungen zum

Gebet und zur Betrachtung, die ich hier näher erläutern werde.

Bevor wir uns mit der Betrachtung bestimmter Bibelstellen beschäftigen, muss darauf hingewiesen werden, dass es für die begleiteten Personen schwierig bis unmöglich sein kann, sich mit einzelnen Passagen zu beschäftigen. Das ist insbesondere dann der Fall, wenn diese früher missbraucht wurden, um damit Machtansprüche durchzusetzen. Dann bewegen sich die Begleiter wie auf einem verminten Gelände. Sie müssen bestimmte Gebiete meiden und erst vorsichtig herausfinden, wohin der jeweils nächste Schritt gehen könnte. Bei jedem Hinweis ist zu beachten, wie die begleitete Person intuitiv darauf reagiert. Bei negativen Assoziationen sucht man solange gemeinsam nach einer Alternative, bis der Boden wieder sicher erscheint.

In die Erzählung eintreten

Ab der zweiten Exerzitienwoche wird das Leben Jesu anhand der Evangelien betrachtet. Hier schlägt Ignatius die Übungsform der contemplación vor, die kurz charakterisiert werden soll. Ignatius mahnt, dass die Begleiter die jeweilige Geschichte nur kurz erzählen sollen, damit die andere Person diese selbstständig entdecken und durchgehen kann. Das sei von *„mehr Geschmack und geistlicher Frucht, als wenn der, der die Übungen gibt, den Sinn der Geschichte viel erläutert und erweitert hätte. Denn nicht das viele Wissen sättigt und befriedigt die Seele, sondern das Innerlich-die-Dinge verspüren-und-schmecken“* (EB 2).

Der Beter bereitet sich auf die Gebetszeit vor, indem er nach einem Einstiegsgebet die biblische Perikope aufmerksam liest und den „Schauplatz bereitet", d.h. mit der Vorstellungskraft malt er sich möglichst konkret den Ort, die Personen und die Umstände der biblischen Begebenheit aus. So empfiehlt Ignatius zum Beispiel bei der Betrachtung von der Geburt Jesu (Lk 2): *„Mit der Sicht der Vorstellungskraft den Weg von Nazareth nach Betlehem sehen, dabei die Länge, die Breite erwägen, und ob dieser Weg eben ist oder ob er über Täler oder Steigungen geht; ebenso den Ort oder die Höhle der Geburt schauen, wie groß, wie klein, wie niedrig, wie hoch und wie er bereitet war"* (EB 112). Die Betrachterin hat die Möglichkeit, sich ihre eigenen Vorstellungen zu machen. Wie stellt sie sich den Weg von Nazareth nach Bethlehem vor? Wie malt sie sich die Szene der Geburt aus? Wie gestaltet sie ihr ganz persönliches Bild des Weihnachtsgeschehens? Es ist kein Zufall, dass Ignatius dieses Vorgehen bei den Betrachtungen von der Menschwerdung Jesu beschreibt, denn auch der Betende soll ganz Mensch, ganz er selber werden. Wer bei sich ist, kann auch bei Gott sein. Und umgekehrt: Gott zu begegnen, heißt sich selber begegnen.

Daran schließen sich jeweils drei Aufgaben an:

1. *„Die Personen sehen, die einen und die anderen"* (EB 114), d.h. sich Zeit lassen, die einzelnen Personen der Szene in Ruhe anzuschauen und dabei zu beachten, was sie im Beter an Regungen und Gedanken auslösen.
2. *„Schauen, beachten und betrachten, was sie sagen"* (EB 115), hören welche Worte gewechselt werden. Vielleicht bei

einem Wort oder Satz verweilen und dabei beachten, was dies im Beter an Regungen und Gedanken auslöst.

3. „*Schauen und erwägen, was sie tun ...*" (EB 116) und wieder aufmerksam sein für das, was dadurch an Regungen und Gedanken angestoßen wird.

Die betrachtende Person begibt sich in die Gegenwart der biblischen Erzählungen, „*wie wenn ich mich gegenwärtig fände*" (EB 114.2) und achtet darauf, ob sie sich dadurch zu etwas ermutigt fühlt. Ignatius nennt das, wie bereits in Kapitel 3.2. beschrieben: „*Und danach mich auf mich selbst zurückbesinnen, um irgendeinen Nutzen zu ziehen*" (EB 114.3). Die Fragen der regelmäßigen Reflexionen könnten daher lauten: Woran habe ich bei dieser Betrachtung Geschmack gefunden? Was konnte ich genießen? Welche Gedanken sind mir dazu gekommen? Was möchte ich in der Begleitung besprechen und vertiefen?

Mit den Sinnen betrachten

Eine weitere ähnliche Gebetszeit ist die „Anwendung der Sinne". Während Exerzitien soll dies die letzte Übung des Tages sein. Darin werden jene Erfahrungen, bei denen der Exerzitant sich angesprochen und bewegt fühlte, noch einmal mit allen Sinnen betrachtet: sehen, hören, riechen, schmecken, tasten. Ignatius greift hier eine Gebetsweise der mittelalterlichen Mystiker auf, die mit den Heilsereignissen spürbar in Berührung gekommen sind.[16] Es ist nicht nötig, alle Sinne durchzugehen, sondern in aller Ruhe bei dem zu verweilen, wo sich etwas zeigt. Bei der bereits genannten Betrachtung von der Geburt Jesu schlägt Ignatius eine Aktivierung des Tastsinns vor: „*... berühren, z. B. die Orte umfassen und küssen, auf die diese Personen treten und sich niederlassen*" (EB 125).

In dieser Übungsweise können sich kleine Regungen oder starke Emotionen besonders deutlich zeigen. Auch hier wird nach jedem Schritt reflektierend zurückgeschaut, um festzuhalten, was für die Person irgendeinen Nutzen hat.

Das hier beschriebene Vorgehen wird auch Wiederholungsübungen genannt. Diese können ebenfalls außerhalb eines Exerzitienprozesses in den Alltag integriert werden, wobei die begleitete Person mehrere Tage oder Wochen lang im Gebet denselben Text betrachtet und sich davon immer tiefer oder umfassender berühren und bewegen lässt. Im besten Fall verankern sich dadurch neue heilsame Bilder in ihr, die mit dazu passenden Regungen, Empfindungen und Erkenntnissen verbunden sind. Damit kann ihr Genesungs- oder Wiederherstellungsprozess unterstützt und gefördert werden.

Ignatius wendet sich an erwachsene Personen, die einen gesunden Zugang zu den eigenen Regungen haben und eigenverantwortlich selbstreflektierend beurteilen können. Da genau diese Fähigkeiten bei emotional und geistlich missbrauchten Personen eingeschränkt sind, gehe ich im Folgenden noch einmal ausführlich auf diese beiden Bereiche ein: emotionale Wahrnehmung und Reflexionsfähigkeit.

Bei der Betrachtung wird ein Raum geöffnet, um sich persönlich betreffen zu lassen. Was spricht die Person an, berührt sie oder eben nicht? Welche Gefühle werden ausgelöst? Die ignatianische Gebetsweise ist eine Art Grundschulung, um eigene Regungen besser wahrzunehmen und verstehen zu lernen.[17] So schreibt Ignatius in der Überschrift zu den Regeln zur Unterscheidung der Geister: *„Regeln, um einigermaßen die verschiedenen Regungen zu verspüren und zu erkennen, die in der Seele verursacht werden, die guten, um sie anzunehmen, und die bösen, um sie abzuweisen"* (EB 313). Dabei ist es erst einmal unwichtig, ob es sich um körperliche Empfindungen, Emotionen oder geistgewirkte Regungen handelt. Die Person soll einfach einen geschützten Raum finden, in dem sie sich zeigen darf. So kann sie die Erfahrung machen, angenommen zu werden und sein zu dürfen, so wie sie gerade ist

Vielen Opfern fällt es nicht nur schwer, all dies wahrzunehmen, sondern auch die passenden Worte zu finden. Das Begleitgespräch schenkt einen Freiraum, in dem alle Emotionen sein dürfen – oder auch ihre Abwesenheit. Mehr noch, es wird ein Resonanzraum geöffnet, in den man gemeinsam hinspürt. Eine erste Etappe wäre die Förderung der Körperwahrnehmung: „Was hat sich beim Betrachten in Ihrem Körper verändert? Halten Sie einen Moment inne: Was spüren Sie jetzt, während Sie von den letzten Gebetszeiten berichten?" Zusätzlich kann die Begleitperson eigene emotionale Reaktionen ansprechen: „Wenn ich Ihnen zuhöre, spüre ich eine gewisse Traurigkeit in mir aufsteigen. Wie ist das bei Ihnen?" Die Antwort: „Nein, das erlebe ich ganz anders", ist eine gute Antwort, denn sie zeigt erstens, es wird etwas wahrgenommen, das aber anders ist als die vorgeschlagene Emotion. Zweitens ist die Person bereit, eine von der Begleiterin abweichende Position einzunehmen. Das ist ein gutes Zeichen für zunehmende Eigenständigkeit, innere Freiheit und wachsendes Vertrauen.

Manchmal kommt es vor, dass die begleitete Person beim Erzählen anfängt, etwas zu spüren, dann aber schnell darüber hinweggeht, um zu ihren Gedanken und Überlegungen zurückzukehren. Da kann die Begleiterin sanft nachfragen: „Halten Sie kurz inne und spüren Sie, was jetzt gerade geschieht!" Diese Ermutigung ist häufig nötig, weil eigene Empfindungen bis dahin ignoriert wurden. Bei alledem kann man wenig falsch machen, denn es geht vor allem darum, einen Raum zur Verfügung zu stellen, in dem die Opfer des Missbrauchs wieder lernen, der eigenen Wahrnehmung und Beurteilung von Situationen zu vertrauen.

Emotionen begleiten

Ich möchte noch einmal betonen, dass Begleiter wirklich nur begleiten, d. h. sie schreiben nichts vor und bemühen sich, auch unausgesprochen keinen Erwartungsdruck auszuüben. Jede Regung ist okay, weil sie hier und jetzt der begleiteten Person entspricht. Wenn Menschen systematisch alle eigenen Empfindungen und Wahrnehmungen abgesprochen wurden, brauchen sie lange, manchmal sehr lange, bis sie diese wieder wahrnehmen und sie zulassen können. Deshalb ist auch die Abwesenheit von Regungen wertzuschätzen. Aufseiten der Begleiter sind die Fähigkeiten, sowohl Körpersprache wahrzunehmen als auch differenziert über innere Regungen sprechen zu können unerlässlich. Das Angstspektrum zum Beispiel hat viele Facetten: Furcht, Besorgnis, Lampenfieber, Anspannung, Erschrecken, Panik, Ehrfurcht beschreiben unterschiedliche Erfahrungen. Ebenso die Traurigkeit: Trauer, innerer Schmerz, Verlustgefühle, Leiden am Mangel, depressive Verstimmung, Weltschmerz, Rührseligkeit drücken unterschiedliches Leiden aus. Selbst das Weinen nimmt verschiedene Formen an: feuchte Augen, zitternde Lippen, wenige sanfte Tränen, Weinkrämpfe oder Krokodilstränen. Insbesondere die Tabuisierung unangenehmer Gefühle muss vorsichtig überwunden werden. Es ist ein großer Schritt für eine Klientin, wenn sie sich traut, vielleicht zum ersten Mal laut zu formulieren, wie enttäuscht sie von Gott (oder einer Oberin) ist, und dass sie das wütend macht. Bei geistlichen Übungen gibt es keine falschen Gefühle. Wer im Namen Gottes manipuliert, ausgenutzt und missbraucht wurde, braucht einen Ort, wo er neben seinen Fragen auch seinen Ärger, seine Enttäuschung, seine Trauer Gott gegenüber ausdrücken kann, wo er gehört und verstanden wird. Dabei sollte immer wieder das Hier und Jetzt fokussiert werden: „Wie geht es Ihnen *jetzt*, während Sie von den alten Verletzungen berichten?" – „Was passiert *heute*, wenn Sie im Gebet an das Erlebte zurückdenken, wenn Sie es – womöglich – Gott präsentieren?" Manchmal bewirkt die erste Öffnung eine Art Dammbruch, mit dem sich viele gegensätzliche Emotionen Bahn brechen. Für die Begleitpersonen ist wichtig, dass sie keine Angst vor Gefühlsausbrüchen haben. So können sie sich mit entspannter Offenheit, aufmerksamem Interesse und unerschütterlichem Wohlwollen auf das Gegenüber einzustellen.

Weite ermöglichen

Das Fundament der Selbstwahrnehmung liegt im Körper: „Was spüren Sie jetzt, wenn Sie sich daran zurückerinnern? Was verändert sich? Was ist angenehm oder unangenehm?" Für traumatisierte Menschen ist die Wiederherstellung dieser Basis bereits ein wesentlicher Fortschritt. Daraus lassen sich bestimmte Emotionen ableiten, denn Enge und Angst gehören zusammen, so wie Trauer und Schmerz, Ärger und Spannungen etc. Erneut fähig werden, eigene Emotionen zu erleben und darüber sprechen zu können, stärkt das Selbst-Bewusstsein zusätzlich. Mit etwas Übung können zusätzlich geistliche Regungen wahrgenommen werden. Sie zeichnen sich dadurch aus, dass sie über das subjektive Empfinden hinaus auf etwas Größeres verweisen: den Menschen auf Gott hin ausrichten. Eine trauernde Person kann sich in sich selbst verschließen, was psychologisch betrachtet phasenweise völlig normal ist. Sie kann sich aber irgendwann mit ihrer Trauer Gott zuwenden, auf ihn hoffen und darin vielleicht tiefen Trost erfahren. Ein ängstlicher Mensch kann sich aus lauter Furcht innerlich und äußerlich an einem sicheren Ort verstecken – auch das ist psychologisch betrachtet phasenweise völlig normal. Er kann aber lernen, zusätzlich das Wagnis einer Öffnung auf Gott hin einzugehen, um ihn um Hilfe zu bitten und allmählich im Vertrauen zu wachsen. Die Emotionen, bei denen der Mensch von Gott getrennt bleibt, nennt Ignatius Trostlosigkeit und beschreibt sie mit folgenden Begriffen: „*Dunkelheit, ... Verwirrung, ... Unruhe, ... Unglaube, ohne Hoffnung, ... ohne Liebe, ... wobei sich die Seele ganz träge, lau, traurig und wie von ihrem Schöpfer und Herrn getrennt findet*" (EB 317). In der geistlichen Begleitung besteht die Möglichkeit, das Gegenüber sanft und liebevoll zu ermutigen, sich mit allen Empfindungen und Emotionen vorsichtig Gott zuzuwenden, sie ins Gespräch mit ihm zu bringen, sie zum Teil des Gebets zu machen. In den Psalmen finden sich dazu vielfältige Formulierungsvorlagen. So kann es geschehen, dass mitten im Schmerz, in der Verzweiflung, sogar in Ärger und Wut, die Tröstung Gottes spürbar wird. Sie weitet das Herz zusätzlich und unter allem Leid breitet sich für einen Moment tiefer, unerklärlicher Frieden aus. Auch wenn sich an den äußeren Umständen erst einmal nichts geändert hat, nimmt die so getröstete Person diese mit neuen Augen wahr.

Retraumatisierung vermeiden

Nachdem ich umfassend dazu ermutigt habe, den unterschiedlichen Regungen in der geistlichen Begleitung Raum zu geben, möchte ich ergänzend vor zu hoher emotionaler Entladung warnen. Bei traumatisierten Personen ist die Fähigkeit zur Selbstregulierung häufig gestört worden. Da ist es von Vorteil, wenn dementsprechend ausgebildete oder erfahrene geistliche Begleiter einen Schutzraum und ein Übungsfeld bieten. Hohe Intensität kann retraumatisierend wirken und bereits zurückgewonnene innere Stabilität zunichtemachen. Die Seele ist schon genug erschüttert worden, das muss in der Begleitung nicht wiederholt werden, im Gegenteil, dort sollte sie einen sicheren Ort, Ruhe und verlässliche Bindungen finden. In diesem Kontext möchte ich zusätzlich darauf hinweisen, dass mehrtägige ignatianische Einzelexerzitien nicht das Mittel der Wahl sind, wenn Personen sich gerade in einem Aufarbeitungsprozess des erlebten geistlichen Missbrauchs befinden. Die intensive Konfrontation mit sich selbst, ausgelöst durch Stille und eine gewisse Einsamkeit, können zu einem Absturz in die Abgründe des erlebten Leides führen. Wenn die begleiteten Personen den Wunsch äußern, an Exerzitien teilzunehmen, sollte nach einem weniger intensiven Angebot gesucht werden, das viel Zeit für Erholung, Bewegung, Ruhe und zumindest die Möglichkeit zu Austausch und Begegnung bietet.

Unrecht benennen

Bei missbräuchlichen Erfahrungen muss deutlich ausgedrückt werden, welches Unrecht dem Opfer angetan wurde. Diese haben gelernt, Schuld auf sich zu nehmen. Weil sie sich für die Übergriffe häufig die Verantwortung selbst zuschreiben, ist es entscheidend, dass Schuld wieder dahin geschoben wird, wo sie hingehört: zu den Tätern und Täterinnen. Das geht respektvoll ohne Übertreibung oder Täter-Bashing. Zum Beispiel kann man das so formulieren: „Das ist schlimm, was Ihnen da passiert ist! – Da haben Sie viel Unrecht erfahren! – Es macht mich ganz betroffen, was Ihnen alles Schreckliches angetan wurde." Damit diese Resonanz auf empathische Weise geschieht, muss die Begleitperson sich selbst kennen und aufmerksam bleiben für die ihr eigenen Regungen. Nur so kann sie diese, wie zum Beispiel ihre eigene Empörung, von denen der anderen Person unterscheiden.

Einen eigenen Platz finden

Bei der Betrachtung einer biblischen Szene nach den oben beschriebenen Schritten wird zuerst auf Jesus und die anderen Beteiligten geschaut und gehört. Anschließend wendet sich der Fokus auf den Beter selber. Für missbrauchte Menschen, die vor allem die Bedürfnisse anderer befriedigen mussten und dabei sich selbst vergessen haben, ist das ein gangbarer Weg. Wie sie es gewohnt sind, schauen sie zuerst auf die anderen, werden dann aber ermutigt, sich selber in den Blick zu nehmen, um bei sich anzukommen. Erst danach wenden sie sich in einem abschließenden Gebet Gott zu. Meine Klienten sind mit ihrer Aufmerksamkeit meist mehr im Außen und bei anderen als bei sich selbst. Sie müssen erst Schritt für Schritt lernen, wieder zu sich zu kommen. Die beschriebene Gebetsweise unterstützt diese Bewegung. Bei der Betrachtung der Geburt (EB 114.2) lädt Ignatius den Betrachter ein, kraft seiner Fantasie auch selber in die Szene einzutreten „*wie wenn ich mich gegenwärtig fände*" (EB 114). Allerdings findet hier anders als beim Bibliodrama kein Rollenwechsel statt.[18] Es ist wichtig, dass die Person sie selber bleibt und sich den Platz sucht, der ihr ganz persönlich entspricht. Von hier aus kann sie sich dann am Geschehen beteiligen. Die erste Etappe, in der nur von außen, wie in einem Film, betrachtet wird, sollte nicht übersprungen werden, weil durch die visuelle Distanz einer zu schnellen Identifikation mit dem Geschehen vorgebeugt wird. So kann die betende Person leichter zu sich kommen, hier und heute, wie es ihr jetzt geht. Die Distanz der Zuschauerrolle hilft ebenfalls, nicht von zu starken Emotionen überrollt zu werden und beugt so einer Retraumatisierung vor.

Mehrperspektivisch wahrnehmen

Die Beobachtung und Auseinandersetzung mit den unterschiedlichen Beteiligten einer Szene fördert die Fähigkeit, mehrperspektivisch zu denken, zu fühlen und zu beten. Es hilft, eigene Vorlieben oder Abneigungen wahrzunehmen, um so die eigene Position zu finden. Diese Mehrperspektivität kann verinnerlichte Fixierungen aufweichen, wo es zum Beispiel bisher nur eine einzige akzeptable von außen vorgegebene Deutung gab. Sie wirkt als Gegengift zu bisher vorherrschendem Schwarz-Weiß-Denken und fördert eine Haltung des Sowohl-als-auch. Diese Gebetsweise wendet Ignatius ebenfalls in der dritten Woche bei den Betrachtungen der Passion (EB 194) sowie in der vierten Woche bei den Betrachtungen der Auferstehung (EB 226) an.

Zum Abschluss wird dazu eingeladen, mit den göttlichen Personen zu sprechen (EB 109). Wahrgenommenes,

Gedachtes und Erlebtes wird dadurch in eigene Worte gefasst und mit Gott in Kontakt gebracht. „*Das Gespräch wird gehalten, indem man eigentlich spricht, so wie ein Freund zu einem anderen spricht …*" (EB 54). Das kann ein ganz authentisches Gebet sein, in dem Gott nichts vorgemacht werden muss. Die betende Person darf so bei Gott sein, wie sie sich gerade fühlt und ihm alles sagen, was ihr in den Sinn kommt, wie bei einem guten Freund. Das schließt auch Fragen oder Zweifel, Verwirrendes oder Beängstigendes, Trauriges oder Sehnsuchtsvolles mit ein.

Immer wieder fordert Ignatius zum Ende der Betrachtungen zu einem dreifachen Dialog auf: mit Maria, die er *unsere Mutter und Herrin* nennt, mit Jesus, dem Sohn, und mit dem Vater (EB 63, 109, 147, 156, 199 etc.). An anderer Stelle lässt er die Wahl, mit wem man den Dialog führen möchte. Diese Offenheit ist zu bevorzugen, da es sein kann, dass der betende Zugang zum einen oder anderen (noch) versperrt ist. Ebenso erweitert der Perspektivwechsel die persönliche Freiheit. Weil man sich bei unterschiedlichen Personen durchaus unterschiedlich fühlen und verhalten kann, ermöglicht diese Vielfalt, Eigenes noch differenzierter ins Wort zu bringen, noch bestehende Tabus zu brechen und unterschiedliche individuelle Beziehungen aufzubauen. Wenn Männer die Täter waren, kann Maria eine gute Ansprechpartnerin sein. Die Erfahrung kann auch ganz anders gelagert sein, wie mir eine ehemalige Ordensschwester berichtete, deren Versuch, mit Maria in einen Dialog zu treten, von Abneigung und Ärger geprägt war. Das hatte sie ziemlich erschreckt. Im Begleitgespräch wurde ihr bewusst, dass Maria für sie zu einer Projektionsfläche für weibliche Autoritätspersonen in der Kirche geworden war, da sie zahlreiche negative Erfahrungen mit ihrer Oberin und Novizenmeisterin gemacht hatte. Sie fürchtete sich vor weiteren weiblichen Manipulationen. Beim nächsten Anlauf, um mit Maria ins Gespräch zu kommen, war es ihr das erste Mal möglich, den bisher verdrängten Ärger gegen alle diese „heiligen" Frauen zu spüren. Sie fühlte sich ermutigt, Maria von den alten Erfahrungen zu berichten. So entdeckte sie in ihr eine Schwester und Freundin, die aufgrund eigener schwieriger Erfahrungen mit religiösen Autoritäten ihrer Zeit voll Verständnis auf ihrer Seite stand.

Im dreifachen Dialog kann die betende Person im Kontakt mit wechselnden Gesprächspartnern erleben, dass sie in sich unterschiedliche Facetten trägt. In geistlich missbräuchlichen Gruppen wird die Redefreiheit eingeschränkt. Meist gibt es nur eine Stimme, die von allen übernommen werden muss, sodass andere Meinungen unterbunden werden. Mit den vielfältigen Dialogen hingegen werden mehrdimensionale Erfahrungen mit sich selbst und den göttlichen Personen ermöglicht.

Selbstreflexion ermöglichen

Auch am Ende einer Gebetszeit soll diese noch einmal reflektiert werden. Damit wird ebenfalls das nächste Begleitgespräch vorbereitet, bei dem die Begleiterin „*… getreu über die verschiedenen Bewegungen und Gedanken unterrichtet wird*" (EB 17). Es ist hilfreich, sich dazu einige Notizen zu machen. Dies sollte möglichst nicht während der Gebetszeit, sondern erst im Anschluss getan werden. Häufig leiden die Opfer missbräuchlicher Erfahrungen an Skrupeln. Sie mussten so sehr den Ansprüchen anderer gerecht werden, dass sie dem auf Dauer nicht gewachsen waren, wodurch einige eine übersteigerte Sensibilität für die Bedürfnisse anderer entwickelten. Andere leben mit einer „Hab-Acht-Haltung“, um ständig zu überprüfen, ob alles in Ordnung ist. Wieder andere sind geprägt von einer Mischung aus Schuld- und Minderwertigkeitsgefühlen in dem Bewusstsein, nie zu genügen oder gut genug zu sein. Wenn es diesen Menschen allmählich gelingt, die inneren Kritiker, die selbstverständlich auch jede Gebetszeit begleiten, auf später zu vertrösten, können sie während des eigentlichen Gebetes eine neue Form der Freiheit erleben. Man kann diese verinnerlichten Strukturen nicht einfach ausschalten. Es ist aber durchaus möglich, sie ein wenig zu zähmen, indem man ihnen einen passenden Rahmen gibt, wie zum Beispiel in der abschließenden Reflexion. Dort sind sie wichtige Stimmen, sollten aber nicht die einzigen bleiben. Neben diesen kritischen Stimmen muss auch das gesucht werden, was gelungen ist, das, wofür man danken und sich selber loben kann, das, was Zufriedenheit und Freude schenkt. Die aufmunternde Stimme des geistlichen Begleiters ist ebenfalls ein starkes Gegengewicht. Die Reihenfolge ist auch hier zu beachten: erst erleben, dann allein reflektieren, anschließend mit dem Begleiter sprechen, d. h. von innen nach außen, erst bei sich sein, um anschließend in den Dialog zu gehen.

Gefühle sind nicht der einzige Inhalt der Begleitgespräche, hinzu kommen gedankliche Auseinandersetzungen.

In missbräuchlichen Settings kommt es vor, dass Erfahrungen zwar authentisch sind, deren Interpretation aber von Autoritätspersonen vorgegeben wird, obwohl sich diese von der eigenen Deutung unterscheidet. Zum Beispiel ist jemand verärgert, weil er mit bestimmten Entscheidungen der Leitung nicht einverstanden ist. Dieser Ärger wird ihm im Gespräch negativ bewertet und ihm als Mangel an Vertrauen und Gehorsamsbereitschaft vorgeworfen. Von daher ist in der Begleitung gut darauf zu achten, dass sowohl das innere Erleben als auch seine Bewertung oder Deutung von der Person selber formuliert werden.

Um derartige Reflexionen zu fördern, sind offene Fragen hilfreich: Wie verstehen Sie das? Wie haben Sie das erlebt? Welche Gedanken kommen Ihnen dazu? Wo sehen Sie mögliche nächste Schritte? Eine Grundhaltung der geistlichen Begleiter kann nicht oft genug betont werden: Glauben Sie der Person und dem, was sie erzählt. Ignatius nennt das „*die Aussage des Nächsten zu retten*". Wenn der Begleiter eine Aussage nicht nachvollziehen kann, „*erkundige er sich, wie jener sie versteht*" (EB 22). Unterstellen Sie dem Gegenüber keine bösen Absichten, sondern gehen sie gemeinsam auf Entdeckungsreise, um auch übertrieben erscheinende Reaktionen oder scheinbare Widersprüche nachvollziehen zu können. Das schafft wieder sicheren Boden. Ignatius verstärkt diese Grundhaltung, indem er fortfährt: „*Und wenn das nicht genügt, suche er alle angebrachten Mittel, damit jener, indem er sie gut versteht, gerettet werde*" (ebd). Für die begleiteten Personen, die sich selbst mit ihren Reaktionen oft nicht verstehen, bewirkt das häufig eine tiefe Erleichterung, die auch körperlich wahrnehmbar ist.

Sprache ist dabei das wichtigste Mittel. Doch geistlich missbrauchte Menschen wurden von einem eigenen Jargon geprägt, in dem Begriffen neue pervertierte Bedeutungen gegeben wurden. Sie müssen erst lernen, wieder vertrauensvoll über geistliche Erfahrungen zu reden. Ihre Begleiterinnen sollten daher sehr achtsam mit Sprache und christlichen Begriffen umgehen und immer wieder nachfragen, was der andere mit bestimmten Ausdrücken sagen will. „Was meinen Sie, wenn Sie von Hingabe sprechen? Wie merken Sie, dass dies ein Wirken Gottes ist? Was ist denn eigentlich Erlösung? Wie stellen Sie sich Vergebung vor?"

Da sie mit Schwarz-Weiß-Denken manipuliert wurden, denken die Opfer auch weiterhin erst einmal in Extrempositionen: richtig oder falsch, erlöst oder verdammt, Mittelmäßigkeit oder Jüngerschaft, berufen oder abtrünnig, heilig oder unwürdig. Da fehlen die Grauzonen. Falsche Eindeutigkeiten fanden in Absolutismen einen Ausdruck: perfekte Keuschheit, immerwährendes Gebet, blinder Gehorsam, radikale Nachfolge, Ganzhingabe u. v. m. Erst allmählich werden wieder Zwischentöne wahrgenommen. Wo es um das Verständnis bestimmter Begriffe geht, können die geistlichen Begleiter Alternativvorschläge und Definitionsmöglichkeiten anbieten, vor allem dann, wenn sie darum gebeten werden. Theologische Zusammenhänge wollen auf neue Weise verstanden werden. Die ehemaligen Opfer möchten ausprobieren, wie sie Glaubensinhalte mit eigenen Worten selber formulieren können. Schlussfolgerungen werden differenzierter.

Wenn die begleiteten Personen im Gebet oder bei der Betrachtung neue Erfahrungen machen, brauchen sie neue Worte, weil sie spüren, dass die alten nicht mehr passend sind. Die emotionale Resonanz ist dabei ein wichtiger Indikator: „Spüren Sie noch einmal in Ihren Körper. Was löst diese Formulierung in Ihnen aus? Löst das Enge aus oder führt es Sie in die Weite?" Dann kann man durchaus eigene Wahrnehmungen anbieten: „Während ich Ihnen so zuhöre, klingt das einerseits sehr logisch, aber innerlich ist mir doch unwohl dabei. Wie geht es Ihnen damit?" Auch hier braucht es Geduld, denn neue passende Begriffe und angemessene Ausdrucksweisen müssen erst gefunden werden. Es ist ein wenig so, als ob man eine neue Sprache lernt.

Die Fähigkeit, über Gefühle und Gedanken sprechen zu können, wird in der geistlichen Begleitung normalerweise vorausgesetzt, doch bei Opfern schweren emotionalen und geistlichen Missbrauchs muss sie meist erst langsam zurückgewonnen werden. Da geschehen wahre Menschwerdungs- oder Selbstwerdungsprozesse. Das zu beobachten und zu begleiten, erfüllt mich immer wieder mit Hochachtung vor den ehemaligen Opfern und den Heilungskräften, die der Seele zu eigen sind. Durch individuelle Regungen und persönliche Meinungen festigt sich das Fundament, auf dem (wieder) eigenverantwortliche Entscheidungen getroffen werden können, um die eigene Zukunft mitzugestalten. Was dabei helfen kann, schauen wir uns als Nächstes an.

3.4. Eigenständige Entscheidungen

In destruktiven Abhängigkeiten steuert die dominante Person sämtliche Entscheidungsprozesse. Sie allein weiß, was für die anderen gut und richtig ist. Sie setzt alles daran, ihre Überzeugungen offen machtvoll oder versteckt manipulativ durchzusetzen. Die Personen in der untergebenen Rolle haben vielleicht schon früher nicht gelernt, eigenverantwortlich zu handeln und lassen sich deshalb leichter oder längerfristiger in derartige Abhängigkeiten hineinziehen. Beim geistlichen Missbrauch wird zusätzlich mit „Gott" argumentiert: Er hätte gezeigt, was zu tun sei. Er wolle, dass dem Schwächeren geholfen werde, indem er sich dem Stärkeren ganz anvertraue. Missbrauchsopfer müssen ausprobieren, wie es sich anfühlt, eigene Entscheidungen zu treffen. Diesen Lernprozess kann geistliche Begleitung unterstützen.

Ignatius wollte mit den Exerzitien jungen Männern helfen, eine radikale Lebensentscheidung zu treffen und hat dafür einen längeren Prozess mit mehreren Methoden entwickelt, damit am Ende eine Entscheidung steht, die in größtmöglicher Freiheit gefällt wird. In EB 23 benutzt Ignatius eine sehr treffende Formulierung, wenn er von *„der Freiheit unserer freien Entscheidungsmacht"* spricht. Es ist dort zweimal von Freiheit die Rede und von der Macht, eigene Entscheidungen zu treffen. Das ist nicht nur ein Ziel in Exerzitienprozessen, sondern ebenfalls eine wesentliche Ausrichtung jeder geistlichen Begleitung: Die Freiheit der freien Entscheidungsmacht (wieder) zu erlangen.

Häufig ist es die Angst, Fehler zu machen, die zu einer inneren Lähmung führt, in der nichts mehr entschieden werden kann. Hier ist es für die Begleiter wichtig, sich in Geduld zu üben. Sie dürfen nicht der Versuchung erliegen – damit endlich etwas vorankommt –, einen Entschluss zu forcieren oder, schlimmer noch, für den oder die andere eine Wahl zu treffen. Falls eine Entscheidung nicht an die Begleiterin delegiert werden kann, hoffen verunsicherte Personen manchmal darauf, dass Gott selber sie ihnen abnimmt, indem er sehr deutlich kundtut, was er möchte. Die Suche nach Gottes Willen nimmt dann magische Züge an. Eine klare Anweisung wird gesucht, indem zum Beispiel die Bibel willkürlich aufgeschlagen oder nach Hinweisen in den Tageslesungen gesucht wird. Sooft diese Personen fündig werden, berichten sie davon mit Begeisterung. Der aufmerksame Begleiter spürt dahinter die große Erleichterung, endlich Klarheit gefunden zu haben und sich mithilfe des äußeren Zeichens entscheiden zu können. In diesem Fall wäre es gut, den Entscheidungsprozess noch einmal zu verlangsamen. Die Person kann eingeladen werden innezuhalten, um hinzuspüren, was es unter der Begeisterung noch an Gefühlen gibt. Eine weitere Gebetszeit, in der die so klar scheinende Entscheidung erneut Gott hingehalten wird (vgl. EB 188), ist ebenfalls eine gute Option.

Für missbrauchte Menschen, die Mühe haben, sich überhaupt zu etwas zu entscheiden, können die Vorschläge des Ignatius eine Hilfe sein, langsam (wieder) zu lernen, sich eine eigene Meinung zu bilden, um daraufhin zwischen verschiedenen Möglichkeiten wählen zu können. Das kann bei alltäglichen Fragen eingeübt werden. So entwickeln sich allmählich die Fähigkeiten, die auch bei den großen Lebensentscheidungen gebraucht werden. In diesem Buch geht es nicht um eine vollständige Darstellung der komplexen Prinzipien und Vorgehensweisen zur Entscheidungsfindung. Zumal dies an anderer Stelle bereits gemacht wurde.[19] Die folgenden Punkte haben sich aber besonders in der Begleitung von Opfern geistlichen Missbrauchs bewährt. Mit ihnen ist es möglich, die begleiteten Personen mit ihren Entscheidungen nicht allein zu lassen. Folgender Satz führt schnell zu einer Überforderung: „Das kann ich Ihnen nicht sagen, das müssen Sie für sich allein herausfinden." Um das zu vermeiden, findet sich hier eine Zusammenstellung bestimmter Schritte und Methoden, die Begleiterinnen den früheren Opfern anbieten können. Das ermöglicht, mit den sich in ihnen anvertrauenden Personen einen Prozess hin zur eigenverantwortlichen Entscheidung Schritt für Schritt zu gestalten, zu begleiten und zu unterstützen.

Indifferent werden

Nach Ignatius sollen sich die Personen innerlich auf eine Entscheidung vorbereiten, indem sie sich indifferent machen. Das bedeutet, sie sollen möglichst ausgewogen auf die unterschiedlichen Optionen schauen und nicht eins mehr wollen oder lieben als das andere (EB 23). Das ist nur möglich, wenn beide Seiten moralisch einwandfrei und ungefähr gleichwertig sind. Bei Opfern geistlichen Missbrauchs ist dabei auf die unterschiedlichen Ängste zu achten. Die Frage für sie ist nicht so sehr, was sie mehr wollen, sondern wovor sie sich mehr fürchten. Wie es eine Klientin von mir ausdrückte: „Eigentlich ist es egal, was ich entscheide, die nächste Katastrophe kommt sowieso und unglücklich werde ich in jedem Fall!“. Damit Entscheidungen möglichst frei getroffen werden, ist es unabdingbar, vorab das Angstniveau zu senken. Zum Beispiel können einschränkende Gottesbilder revidiert werden: „Nein, Gott erwartet nicht, dass man immer den schwereren Weg geht!“. Auch hier gilt das ignatianische Prinzip des größeren Trostes und der größeren Frucht, wonach eine vor Gott gefällte Entscheidung zwei Kriterien gleichzeitig erfüllen muss: Auf der einen Seite soll sie für den Entscheider eine Erfahrung des Trostes ermöglichen, d. h. eine Zunahme an Glauben, Liebe und Hoffnung. Psychologisch gesprochen soll die Entscheidung ihm ermöglichen, sich selbst zu entfalten, um mit innerer Sicherheit und Überzeugung seine Berufung zu verwirklichen. Auf der anderen Seite soll sie für die Menschen und für die Kirche eine positive Auswirkung haben, um so das Leben des Entscheiders fruchtbar werden zu lassen. In missbräuchlichen Gruppen geht es hingegen meist nur um die Mission oder den Dienst, sodass persönliches Erleben Einzelner übersehen oder bewusst unterdrückt wird. Trost hat dabei nicht nur eine gedankliche Dimension, sondern zeigt sich in den Regungen. Die beabsichtigte Frucht ist nicht nur eine Vision oder der Traum der besonderen Berufung, sondern sie muss inkarniert werden, d. h. sich im Alltag bewähren.

Zum Ende der zweiten Woche stellt Ignatius mehrere Weisen und Wege von Entscheidungsfindungen dar. Diese lassen sich durchaus mit heutigen Coachingmethoden vergleichen. Da das Erlernen eigenständiger Entscheidungen für Missbrauchsopfer so notwendig ist, will ich diese ausführlicher beschreiben.

Ignatius benennt drei Wahlzeiten. Der Begriff ist ein wenig irreführend, da es nicht primär um chronologische Zeiten geht, sondern um verschiedene Formen, wie Gottes Wille im Blick auf anstehende Entscheidungen wahrgenommen werden kann. In der ersten entsteht eine Art Evidenz: göttliches Rufen oder Erwählen und menschliches Antworten verbinden sich spontan (EB 175). Gottes Gnade bricht in unsere Zeit ein, in einem Augenblick des Kairos, der Stunde Gottes. Alles geschieht hier von Gott her, daher benennt Ignatius auch keine Methoden für diese erste Wahlzeit, denn es ist „*… der Schöpfer und Herr selbst [der] sich seiner frommen Seele mitteilt*“ (EB 15.3). Um sich auf solche Überraschungen einlassen zu können, braucht es aufseiten der Menschen Vertrauen in Gott, verbunden mit innerer Freiheit.

Opfer geistlichen Missbrauchs sind da eher ambivalent. Einerseits wünschen sie sich, dass Gott selber sich ihnen mitteilt, damit sie die eigene Unsicherheit damit überbrücken können. Andererseits wurden sie im Namen Gottes manipuliert, getäuscht, belogen und betrogen. Es fällt ihnen daher schwer, sich nun direkt von Gott her rufen zu lassen. Wie sollen sie glauben, dass Er es ist, der sie ruft?

Wie vertrauen können, dass Er tatsächlich nur ihr Bestes will? Sollten sie dennoch derartige Erfahrungen machen, müssten diese, wie oben bereits erwähnt, in der Begleitung vorsichtig und wertschätzend hinterfragt werden. Es könnte sich dabei um verinnerlichte Täterstimmen handeln, die immer noch mit Gottes Wort verwechselt werden, oder alte Freunde haben Einfluss genommen, indem sie von früher bekannte Ein-Deutigkeiten verbreitet haben. In den Berichten ehemaliger Opfer wird deutlich, dass Gott sich ihnen sanft und respektvoll, ja fast zärtlich annähert. Sie wurden durch seine Präsenz ermutigt, erste Schritte in die Freiheit zu gehen. Am meisten erstaunte sie dabei die Abwesenheit irgendeines Druckes: weder Zeitdruck, noch Leistungs- oder Erfolgsdruck. Sie fühlten sich frei, voran zu gehen oder nicht, nach links zu gehen oder nach rechts. Selbst eine mögliche Fehlentscheidung schien in seiner milden Gegenwart kein Problem zu sein. Er war da und er vertraute ihnen. In der geistlichen Begleitung kann ein Resonanzraum für diese unterschiedlichen Schwingungsfelder (z.B. äußerer Druck versus innere Freiheit) geschaffen werden.

Auf das Herz hören

In der zweiten Wahlzeit (EB 176) geht es darum, dem zu folgen, wohin das Herz zieht: Bei der betenden Betrachtung von Bibelstellen wird aufmerksam auf eigene Regungen und Gedanken gehört, um so Gottes Willen zu erspüren. Er offenbart sich hier nicht von außen, sondern von innen, aus dem Herzen der Menschen. Die geistlichen

Begleiter können dabei helfen, sowohl das Wahrgenommene zu sortieren als auch im Entscheidungsprozess präsent zu bleiben. Sie sollten sich nicht verleiten lassen, dem Begleiteten – selbst auf ausdrückliche Nachfrage – mitzuteilen, wie er sich entscheiden solle. Die eben genannten Kriterien der größeren Frucht und des größeren Trostes sind hier hilfreich. Während in der ersten Wahlzeit Gott unmittelbar selber handelt, spricht Ignatius in der zweiten Wahlzeit von den guten und bösen Engeln, die den Exerzitanden indirekt in seinem Entscheidungsprozess beeinflussen. Die Regeln zur Unterscheidung der Geister (EB 313–363) finden hier Anwendung. Wichtig ist es weiterhin, Ängste gut zu regulieren. Sie sind so starke Regungen im Herzen, dass sie die Wahrnehmung anderer leiserer innerer Bewegungen überdecken können. Hinter den meisten Ängsten verbirgt sich eine positive Sehnsucht. Zum Beispiel steht hinter der Angst vor Trennung der Wunsch nach dauerhafter Liebe, hinter Todesangst die Sehnsucht, ewig zu leben oder hinter der Angst, einen Fehler zu machen die Hoffnung, makellos und dadurch liebenswert zu sein. Geistliche Begleitung ist ein guter Ort, die treibenden Sehnsüchte freizulegen. Sie können zum wichtigen Motor vieler zukünftig anstehender Entscheidungen werden.

Dem Verstand vertrauen

Die dritte Wahlzeit (EB 177) wird nach Ignatius nur dann relevant, wenn die ersten beiden Wege für anstehende Entscheidungen nicht (ausreichend) zum Tragen kommen oder einer weiteren Klärung bedürfen. Bisher spielten Gotteserfahrung und innere Regungen eine entscheidende Rolle. Nun wird die Klarheit vorrangig über Verstand und Vorstellungskraft gesucht, was vielen Opfern geistlichen Missbrauchs entgegenkommt. Wenn sie durch andauernde emotionale Manipulation nicht nur das Vertrauen in Gott, sondern auch in eigene Empfindungen, oder schlimmer, den Zugang zu ihren Emotionen verloren haben, kann das Vergleichen, Abwägen, Analysieren der verschiedenen Optionen ein gutes Fundament schaffen. Wenn vom Herrn keine Vorliebe für eine Option spürbar ist (weil vielleicht gerade überhaupt nichts gefühlt werden kann), ist es Zeit, die natürlichen Fähigkeiten zu nutzen.

Immer wieder habe ich in der Begleitung dieser Betroffenen den Eindruck, dass Gott sich quasi „zurückzieht", um ihnen den größtmöglichen Raum zu bieten, in dem sie auf sich allein gestellt vor dem eigenen Gewissen einüben können, freie Entscheidungen zu treffen. Für die Betroffenen ist das nicht nur verwirrend, sondern häufig sogar angsteinflößend. Erst nachdem sie verstanden haben, dass Gott sie nicht verlassen hat oder bestrafen will, sondern ihnen Raum gibt, weil er ihnen vertraut und ihnen zutraut, gute Entscheidungen zu treffen, können sie sich langsam innerlich aufrichten. Dann sind sie bereit, sich auf die vorgeschlagenen Übungen einzulassen.

Optionen erwägen

Ignatius schlägt mehrere Methoden (Weisen) vor, um zu Entscheidungen zu finden, die vom Verstand geprägt sind.

Die erste Weise besteht im getrennten Abwägen der Vor- und Nachteile aller Optionen (EB 181). Die Betrachtung sollte so realitätsnah wie möglich sein, d. h. die ganze Kraft der Fantasie sollte dafür aktiviert werden. Das Einholen sehr konkreter Informationen kann ebenfalls sinnvoll sein. Zuerst stellt man sich vor, man hätte sich für Option eins entschieden – was spricht dafür und was dagegen? Wie fühlt sich das an? Welche Vorlieben, Abneigungen, Ängste oder Ähnliches zeigen sich? Worauf verzichtet man? Das kann einige Stunden dauern oder je nach Wichtigkeit der Entscheidung viele Tage oder Wochen. Danach macht man mit Option zwei genau das Gleiche. Wichtig ist es, beide Optionen getrennt voneinander zu betrachten, denn der Vorteil der einen ist nicht unbedingt der Nachteil der anderen. Diese Übung ermöglicht neben der Konfrontation mit Ängsten, sich gleichermaßen des damit verbundenen Verzichtes bewusst zu werden. Manchmal löst das wahre Trauerarbeit aus. Mit der neuen Arbeitsstelle müsste zum Beispiel der Traum begraben werden, einige Jahre Entwicklungshilfe zu leisten. Dadurch lösen sich Blockaden und die innere Freiheit nimmt zu. Zusätzlich ermöglicht diese Übung, innere Ambivalenzen bewusst zu machen. Für Menschen, die geistlichen (und emotionalen) Missbrauch erlebt haben, sind starke Ambivalenzen typisch (siehe Kapitel 3.1.). Um nur einige Beispiele zu nennen: Einerseits hoffen sie auf Hilfe, andererseits wollen sie es endlich allein schaffen. Einerseits suchen sie Nähe, andererseits haben sie Angst davor. Einerseits wollen sie für Gott etwas ganz Großes tun, andererseits sind sie erschöpft, sodass sie fromme Ansprüche nicht mehr ertragen können.

Durch die Aktivierung der Vorstellungskraft und das Bewusstwerden der Ambivalenzen kann diese Übung den Weg frei machen, doch noch Kontakt zu den Regungen zu finden, die durch die anstehende Entscheidung bewirkt werden. Bei traumatisierten Menschen werden dadurch manchmal Gefühlsausbrüche ausgelöst. Die Grenzen zwischen therapeutischer Aufarbeitung und geistlicher Begleitung sind hier fließend, sodass professionelle Hilfe hinzugezogen werden kann. Ebenso sollte eine auffällige Abwesenheit von Gefühlen hellhörig machen. Es handelt sich dabei wahrscheinlich um die Abspaltung zu schmerzhafter Emotionen, die erst einmal unerträglich sind. Schnell kommen in solchen Phasen Selbstzweifel auf und Hoffnungslosigkeit stellt sich ein. Die geistliche Begleitung kann da ermutigen, den eigenen Fähigkeiten zu vertrauen und diese anzuwenden. Dazu gibt es noch weitere Übungen.

Entscheidungsfindung einüben

In der Folge stellt Ignatius noch vier andere Möglichkeiten vor, wie eine Entscheidung vorbereitet werden kann:

1. Die Person solle sich vorstellen, dass die Liebe, mit der sie sich für etwas entscheidet, *„von oben […] von der Liebe Gottes“* herabsteigt (EB 184). Es geht also noch einmal darum zu versuchen, sich in der Liebe Gottes zu positionieren, um dann aus einem möglichst vertrauensvollen Glauben heraus die Entscheidung treffen zu können. Diese wird so in ein größeres liebevolles Ganzes ein-

gebunden. Das kann helfen, Ängste besser zu regulieren, Fixierungen aufzulockern und frühere Druck erzeugende Gottesbilder zu überwinden.

2. Die Person soll sich einen Menschen vorstellen, den sie *„nie gesehen noch gekannt“* hat. Was würde sie diesem Menschen raten, damit *„er zu größerer Ehre Gottes unseres Herrn und zu größerer Vollkommenheit seiner Seele“* gelangt (EB 185)? Diesen selben Rat soll sie dann auf die eigene Situation anwenden. Weil sich nicht eine bekannte oder befreundete Person vorgestellt wird, entsteht eine affektive Distanz. Damit können alte Loyalitäten und überhöhter Erwartungsdruck bewusst werden und sich auflösen. Es wird ebenfalls noch einmal die Ausrichtung deutlich: die größere Ehre Gottes und die größere Vollkommenheit der eigenen Seele. Es geht um die schon beschriebene Balance von größerer Frucht, verbunden mit größerem Trost.
3. Die Person stelle sich das Ende des eigenen Lebens vor und frage sich, welche Form und welches Maß die gegenwärtige Entscheidung dann gehabt haben sollte (EB 186). Während kurz vorher die affektive Distanz (Objektivierung) der Entscheidung im Vordergrund stand, ist es nun die zeitliche Distanzierung. Dies geschieht aus zwei Blickwinkeln: Einerseits kann der Blick auf die eigene Todesstunde die Entscheidung relativieren, da sie nur ein Schritt in einem langen Leben ist. Andererseits kann das Bewusstwerden der Endlichkeit des eigenen Lebens eine existenzielle Dimension eröffnen, die Zugang zu einer emotionalen Beteiligung (Regungen) schafft. Im Angesicht des Todes

wird die persönliche Verantwortung für das eigene Leben noch einmal deutlich: „Niemand sonst ist für mein Leben verantwortlich. Ich darf und kann in Freiheit wählen, was mir mit meinen Werten am ehesten entspricht."

4. Der eingenommene Blickwinkel wird noch einmal geschärft, „*indem ich schaue und erwäge, wie ich mich am Tag des Gerichts finden werde*" (EB 187). Durch diesen erneuten Perspektivwechsel kann deutlich hervorscheinen, wie man sich in der Gegenwart entscheiden möchte. Ignatius fügt hinzu, „*dass ich mich dann mit vollem Gefallen und Freude finde.*" Ohne diesen Zusatz könnte der Eindruck entstehen, dass nun Furcht vor dem Jüngsten Gericht aufgebaut werden solle. Doch Ignatius spricht von Gefallen und Freude. Es geht ihm um eine Vorstellung von Gericht, in der die Person mit Liebe umfangen und beurteilt wird. Die Einzelentscheidung steht nicht mehr im Vordergrund, sondern die Frage, wie das ganze Leben zu einer Vollendung (nicht Vollkommenheit!) findet, die am Tag des Gerichtes mit Zufriedenheit erfüllen kann. Hier zielt Ignatius durch die reflexive Vorstellungskraft wieder darauf ab, dass (positive) Regungen geweckt werden.

Die vier Übungen schließen jeweils damit, die so getroffene Entscheidung noch einmal Gott hinzuhalten. Ignatius nennt das „Anerbieten" (EB 188). In gewisser Weise geschieht nun eine Rückkehr in die zweite Wahlzeit, denn mit dem Anerbieten an Gott wird erneut auf eine Bestätigung durch die Regungen gehofft. So könnte vielleicht eine ermutigende Trosterfahrung möglich werden. Den Konjunktiv habe ich für diese Aussage sehr bewusst gewählt, denn wie immer wieder erwähnt, soll vonseiten des Begleiters keine Erwartung einer bestimmten Reaktion oder Regung vermittelt werden.

Bei allem eigenen Nachdenken oder Abwägen ist jede Entscheidung zuerst ein Beziehungsgeschehen zwischen Mensch und Gott selber. Sofern die Beziehung stimmt, stellen „falsche" Entscheidungen ein geringes Risiko dar. Menschen, denen immer wieder vermittelt wurde, dass sie nicht genügen oder unfähig sind, fürchten sich, Fehler zu machen, denn diese wurden meist mit Liebesentzug oder Beziehungsabbruch geahndet. Doch Umwege sind gute Wege, sofern man sie gemeinsam geht. Egal, wie die Entscheidung ausfällt, selbst wenn sie sich als falsch herausstellen sollte, die Beziehung zu Gott bleibt bestehen. Er wird die Person weder für ungenügend oder unfähig halten, noch wird er seine Liebe zurücknehmen, denn er ähnelt den früheren Peinigern nicht. So kann jede noch so kleine Entscheidung zu einer befreienden Begegnung mit einem liebevollen Gott werden.

Zusätzlich kann in Entscheidungsprozessen alles bisher Gesagte eine Anwendung finden: Erstens die Grundhaltungen der geistlichen Begleitung, zweitens die Wahrnehmung des Eigenen, drittens das Beten mit Herz und Verstand, damit beide in die Entscheidung einfließen. Das alles fördert den Genesungsprozess und die innere Wiederherstellung. Was sich für die Begleitung verändert, wenn sich langsam die innere Stabilität wieder einstellt, stelle ich im nächsten Kapitel dar.

3.5. Auf festem Boden unterwegs

Allmählich werden die ehemaligen Opfer geistlichen Missbrauchs innere Regungen wieder bewusster wahrnehmen und ins Wort bringen können. Die Selbstsicherheit im Äußern der eigenen Meinung wächst. Der Boden, auf dem das geistliche Leben stattfindet, wird wieder fester, die Abgründe schließen sich, so entsteht Raum für Neues. Allmählich breitet sich Ruhe aus und eine Ahnung von Frieden wächst. Damit verändert sich das Gebet, denn die Suche nach Gott kann eine neue Richtung bekommen: Sie ist nicht mehr primär rückwärts gewandt (Wo bist du gewesen? Was hatte das Ganze mit dir zu tun?), sondern sie kann sich sowohl im Hier und Jetzt verankern (Es ist gut hier zu sein. Bei dir findet meine Seele Ruhe.) als sich auch der Zukunft zuwenden (Worauf will ich hoffen? Wie soll mein Leben sich entwickeln?). Die Haltung in der geistlichen Begleitung wird sich dementsprechend verändern: gelassener, zurückhaltender, vertrauend, dass Gott selber die nächsten Schritte zeigt. In dieser Phase haben sich die Texte vom Ende der vierten Woche des Exerzitienbuches bewährt. Ignatius nennt sie Betrachtung, um Liebe zu erlangen.[20]

Gegenseitige Liebe

Nachdem Ignatius anmerkt, dass die Liebe „*mehr in die Werke als in die Worte gelegt werden*“ soll, fährt er fort: „*Die Liebe besteht in der Mitteilung von beiden Seiten, …*“ (EB 231). Besonders der zweite Gedanke scheint mir für Opfer geistlichen Missbrauchs wichtig. Waren sie es doch gewohnt, sich für Gott anstrengen und leiden zu müssen, für ihn Opfer zu bringen und für ihn Gebete zu verrichten. Nun wendet sich der Blick: ein gegenseitiges Geben und Nehmen, beschenkt werden und Geschenke machen. Durch die Missbrauchserfahrungen liegt häufig ein Ungleichgewicht vor, das eine neue Balance sucht. Dafür ist es hilfreich, die unterentwickelte Seite zu verstärken oder für eine Weile sogar zu übertreiben. Hier einige Vorschläge, die ich aus dem Exerzitienbuch abgeleitet habe.

Empfangene Güte

Es ist eine Gnade, die Liebe Gottes erkennen und empfangen zu können. Darum sollen die Personen zu Beginn jeder Übung ausdrücklich *„um innere Erkenntnis von soviel empfangenem Guten bitten, …"* (EB 233). Das ist wichtig, denn es stellt die Seele von Anfang an auf eine empfangende Haltung ein. Es mag paradox klingen, aber die einzige Anstrengung besteht darin, sich zu öffnen, auf Empfang zu stellen, sich beschenken zu lassen und dies nicht nur im Gebet, sondern auch in der Natur sowie vielen anderen Bereichen des Lebens.

Da kann es gut sein, *„die empfangenen Wohltaten von Schöpfung, Erlösung und besonderen Gaben ins Gedächtnis [zu] bringen, indem ich mit vielem Verlangen wäge, wieviel Gott unser Herr für mich getan hat …"* (EB 234). Die begleiteten Personen sind eingeladen zurückzuschauen, um für eine Weile ausschließlich nach Zeichen der Güte, Freundschaft, Großzügigkeit, Zärtlichkeit, Wohlwollen,

Wohltaten und Ähnlichem zu suchen. Man kann dies auch gemeinsam im geistlichen Gespräch tun. Wer diese Grundhaltung noch mehr in den Alltag integrieren möchte, kann sich dazu in Anlehnung an das Gebet der liebenden Aufmerksamkeit (siehe 3.2.) täglich oder wöchentlich zu einer festgesetzten Zeit besinnen, welche Begegnungen und Erfahrungen der letzten Stunden ihn mit Dankbarkeit erfüllen. Schließlich können diese Entdeckungen mit den zugeordneten Empfindungen in ein Gebet münden, das sich dadurch auszeichnet, dass Reflexion und Regungen darin gemeinsam Platz finden.

Wachsende Dankbarkeit

Die Suche nach den Dingen, die jemanden mit Dankbarkeit erfüllen, wird vor der Schöpfung nicht Halt machen. Ignatius fordert ausdrücklich dazu auf, zu

„*Schauen, wie Gott in den Geschöpfen wohnt:*
- *in den Elementen, indem er Sein gibt,*
- *in den Pflanzen, indem er belebt,*
- *in den Tieren, indem er wahrnehmen macht,*
- *in den Menschen, indem er Verstehen gibt;*" (EB 235).

Man spürt dem Text an, dass der Autor selber viele Stunden mit derartigen Meditationen verbracht haben muss. Durch alles Sichtbare hindurch nimmt er Gottes Gegenwart wahr, der darin wirkt, Leben schenkt und weiterhin am Leben erhält. Schmerz hat die Tendenz, unsere ganze Aufmerksamkeit in Anspruch zu nehmen. Durch die oben beschriebenen Betrachtungen weitet sich der Blick, sodass die Fixierung auf das Leid als Folge des Missbrauchs für eine Weile gelockert wird. Das tut der Seele gut, es trägt zur Genesung bei.

Schließlich kann die Suche nach den Zeichen der Gegenwart Gottes vom Außen nach innen gerichtet werden: Schauen wie Gott auch in mir als Geschöpf wohnt:

- *„indem er mir Sein gibt,*
- *indem er beseelt,*
- *indem er wahrnehmen macht und*
- *indem er mich verstehen macht;*“ (EB 235)

Eine Frau berichtete mir in der Begleitung, dass dieser kurze Text eine echte Erleuchtung für sie war. Sie entdeckte, dass Gott selber in ihr das Wahrnehmen und Erkennen des Missbrauchs ermöglicht hatte, weil er sie durch alles Leid hindurch beseelt und am Leben erhalten hat. Das Sein, das er ihr gegeben hat, wurde durch den Missbrauch zwar vernebelt, aber nicht zerstört. Für sie wechselte dadurch Gottes Position von der Anklagebank hin zur Verteidigung. Er stand von nun an auf ihrer Seite als Unterstützer, Anwalt und später sogar wieder als Freund. Der Verweis auf die Fortsetzung von EB 235 verstärkte diesen Prozess. Dort heißt es: Schauen, wie Gott *„einen Tempel aus mir macht, da ich nach dem Gleichnis und Bild seiner göttlichen Majestät geschaffen bin*“. Wenn es stimmt, dass die Opfer geistlichen Missbrauchs Tempel Gottes sind, dann bekommen die Perikopen über die Reinigung des Tempels (Mt 21,12ff; Mk 11,15ff;

Lk 19,45ff; Joh 2,13ff) eine ganz neue Bedeutung. Der dort beschriebene Ärger Jesu über die Missstände im Haus des Vaters kann in Missbrauchsopfern eine starke Resonanz finden. Wird er nicht ähnlich ärgerlich auf das sein, was ihnen in seinem Tempel und in seinem Namen angetan wurde?

Gott müht sich

Als besonders anrührend empfinde ich den folgenden Abschnitt, in dem es heißt: Erwägen, „*wie Gott sich für mich müht und arbeitet, [...] indem er Sein gibt, erhält, belebt und wahrnehmen macht*". Dies ist die komplette Umkehr, weg von der Überforderung von Menschen hin zu dem, was andere – in diesem Fall Gott selber – für sie tun. Für einen Ordensmann war es eine Art kopernikanische Wende, als er begriff, dass seine Leistung und sein Versagen nicht ausschlaggebend sind, weil Gott selber sich für ihn müht. Als die Erkenntnis anfing, in ihm Raum einzunehmen, entschied er sich, deren Umsetzung im Alltag einzuüben. Immer dann, wenn er merkte, wie Stress und Anstrengung von ihm Besitz ergriffen, wollte er sich daran erinnern, dass Gott sich für ihn müht und arbeitet. Das hat ihm ermöglicht, gelassener zu werden, um die Dinge so auf sich zukommen zu lassen, wie sie sich ihm anboten. Sein latenter Kontrollzwang hat dadurch ebenfalls an Einfluss verloren. Letztendlich ist sein Grundvertrauen in die Güte Gottes und in das Leben gewachsen. Hier haben sich Dinge entwickelt, die er vor seinen Missbrauchserfahrungen so noch nicht gekannt hatte.

Sich beschenken lassen

Zum Schluss der Betrachtungen zur Erlangung der Liebe stellt Ignatius eine eher kontemplative Übung vor. „*Schauen, wie alle Güter und Gaben von oben herabsteigen [...] so wie von der Sonne Strahlen herabsteigen, vom Quell die Wasser usw.*" (EB 237). Alles, was bisher erkannt worden ist, als Zeichen des Wirkens Gottes, kann hier noch einmal eher assoziativ und bildhaft zusammengefasst werden. Der Mensch lässt sich bescheinen vom Licht oder erfrischen von der Quelle. Ignatius benutzt sehr allgemeine Begriffe, die in philosophische Weiten führen: „*Gerechtigkeit, Güte, Freundlichkeit, Barmherzigkeit usw.*" (ebd). Das lädt zu Gebets- und Meditationszeiten ein, die ganz frei werden von dem, was der Mensch für Gott tun sollte oder müsste. Man nimmt sich Zeit, um sich zum Beispiel vorzustellen, wie die Güte Gottes einen anstrahlt, wie sie das Herz erwärmt, wie Freundlichkeit einen wie ein Bächlein umspült und von dort aus immer weiter fließt. Das trägt ebenfalls zur Heilung einer geschundenen Seele bei, es braucht aber Zeit, bis ehemalige Opfer das zulassen können. Solange Gott für das erfahrene Leid verantwortlich gemacht wird, ist es schwierig, sich von seiner Gnade verwöhnen zu lassen.

Sich verschenken

Dem aufmerksamen Leser wird aufgefallen sein, dass ich in den obigen Ausführungen einen Abschnitt ausgelassen habe. In EB 234 führt Ignatius vor, dass der Mensch als Reaktion auf Gottes Güte und die Fülle seiner Wohltaten sich selber Gott zurück schenkt. In einer gesunden Beziehung ist es normal, auf Liebe mit Liebe zu antworten. Opfer geistlichen Missbrauchs brauchen aber Zeit, bis ihre Seele genesen kann und das Vertrauen in Gott wieder hergestellt wird. Daher möchte ich davor warnen, zu früh auf mögliche Erwartungen oder Ansprüche nach einer womöglich sogar totalen Hingabe an Gott einzugehen. Das Thema der Hingabe ist so heikel, dass ich ihm das ganze nächste Kapitel gewidmet habe. Hier möchte ich nur anmerken, dass in dem bekannten Hingabegebet, das Ignatius an dieser Stelle formuliert hat „Nehmt Herr und empfangt“ sechsmal von „mein“ die Rede ist: meine Freiheit, mein Gedächtnis, meinen Verstand usw. Erst das, was wirklich mein geworden ist, was ich angenommen habe, kenne und wertschätze, kann ich auch verschenken. Es wäre möglich, inspiriert vom Text des Ignatius ein eigenes Hingabegebet zu formulieren. Die Betenden könnten aufzählen, was sie von ihrem Leben oder ihren Begabungen als ihr Ur-Eigenstes Gott anvertrauen wollen, nicht um es aufzugeben, sondern um es mit ihm zu teilen. In dieser Form der Hingabe wird man nicht ärmer, sondern reicher, weil Gott mit seinem Segen, seiner Gnade, seiner Liebe, die Gabe verklärt, transformiert und großzügig zurückschenkt.

Versöhnung erfahren

Häufig erwarten Opfer geistlichen Missbrauchs, dass sie möglichst schnell den Tätern vergeben müssen. Dem ist vehement zu widersprechen, weil dadurch erneut geistlicher Druck aufgebaut wird, der ihnen schadet. Es handelt sich dabei eher um verinnerlichte Täterstimmen, wie zum Beispiel: „Nur wer vergibt, dem wird vergeben werden!" Vergebung geschieht, wenn sie geschieht – oder eben auch nicht. Sie ist eine Gnade Gottes. Dennoch wird die Seele der verletzten Person sich irgendwann nach Versöhnung sehnen. Diese reift langsam heran, verändert die Beziehung zur eigenen Geschichte, zu Gott und zu sich selbst. Die Vorwürfe ebben ab. Man fragt nicht mehr: Wie konnte Gott das zulassen, obwohl ich nur ihm nachfolgen wollte! Wie konnte ich nur so blöd sein, all das auszuhalten und immer wieder über meine Grenzen zu gehen! Die Ängste verringern sich: Man fürchtet nicht mehr, alles könne von Neuem beginnen, wenn man sich Gott annähert. Es wird möglich, wieder zu vertrauen, sogar auf die Gefahr hin, noch einmal verletzt zu werden. In dieser Form ist Versöhnung eine tiefe Annahme dessen, was passiert ist, ohne das Unrecht zu leugnen oder den Schmerz zu vergessen. Um es noch einmal pointiert zu sagen: Für die Aufarbeitung des Missbrauchs und die innere Versöhnung mit sich und mit Gott ist keine Vergebung oder Versöhnung mit den Täterinnen oder Tätern nötig.

Freiheit gestalten

Schließlich öffnet sich der Raum der Freiheit auf ganz neue Weise. Das wird Ängste auslösen und erscheint erst einmal als Überforderung. Eine Klientin benutzte das Bild eines Tigers, der jahrelang in einem kleinen Käfig gelebt hatte. Obwohl die Tür bereits offen war, traute er sich nicht hinaus, lag betrübt in einer Ecke, wo er vom Leben in Freiheit träumte. Er sehnte sich nach anderen Tigern, die kommen würden, um ihn hinauszuführen und ihm die Umgebung zu zeigen. Bei ihren Schritten zurück in ein selbstbestimmtes Leben betonte diese Frau immer wieder, wie wichtig es ihr sei, dass der Käfig noch vorhanden ist, um sich dort immer mal wieder in Sicherheit zu bringen. Erst nach vielen Monaten fiel ihr eines Tages auf, dass sie schon lange nicht mehr dorthin zurückgekommen war. Bereits früher war von der Notwendigkeit eines sicheren Ortes die Rede. Manchmal besteht dieser aus Relikten des ehemaligen missbräuchlichen Systems. Dieses Bild drückt aus, wie sehr der neue Freiraum Angst macht und gestaltet werden will. Hier geht es nicht mehr um Freiheit von, sondern um Freiheit zu. Das Neue muss sich aber vertraut gemacht werden, so wie der Fuchs vom kleinen Prinzen. Auch in dieser Zeit suchen Betroffene beständige Begleitung, denn auch diese Gespräche dienen als sicherer Ort und zuverlässiger Hafen.

Verantwortung übernehmen

Die Krönung der Freiheit ist die Entscheidung, für sich und andere Verantwortung zu übernehmen. Auch hier wirken die alten missbräuchlichen Erfahrungen noch nach: fehlende Vorbilder von guter Leitung oder Autorität; Sorge, nun selber andere zu manipulieren, weil man zutiefst verinnerlichte Verhaltensmuster auf andere übertragen könnte; Furcht vor zu viel Anstrengung oder möglicher Überforderung. Neben aller menschlichen Unterstützung bei diesen Fragen bietet Ignatius eine interessante Hilfestellung, wenn es heißt: „*Schauen, wie alle Güter und Gaben von oben herabsteigen, etwa meine bemessene Macht von der höchsten und unendlichen von oben …*“ (EB 237). Die Handlungsfreiheit und Selbstwirksamkeit, die sich allmählich in den ehemaligen Missbrauchsopfern entfalten, werden ihnen von Gott geschenkt. Sie sind von ihm zugemessen. Er traut ihnen zu, davon auf gute, konstruktive Weise Gebrauch zu machen. Nun müssen sie nur noch lernen, sich selber zuzutrauen, mit dieser Macht und ihren daraus resultierenden Gestaltungsmöglichkeiten menschenfreundlich umzugehen.

Jede Macht auf dieser Erde ist von Gott anvertraut und sie ist bemessen, d.h. begrenzt auf bestimmte Verantwortungsbereiche. Das sehen die Täter geistlichen Missbrauchs anders, sie nehmen sich Macht, untermauern diese durch manipulative Aussagen und halten sich häufig für allmächtig. Ich finde diese Formulierung ganz wunderbar: Meine Macht ist von oben geschenkt und für mich in der entsprechenden Situation bemessen, mir tatsächlich zugewiesen, aber begrenzt. Diese Tatsache immer wieder zu betrachten, um sie tief im Herzen zu verinnerlichen, ist eine gute Immunisierung gegen Tendenzen zum Machtmissbrauch.

3.6. Hingabe in Freiheit

„Ich habe so viele Opfer für Gott gebracht, wollte in seiner Kraft über mich hinauswachsen. Ich habe Gott mein Leben anvertraut;

nun stehe ich hier als geistlicher Krüppel! War das eigentlich Gebet?" Solche oder ähnliche Aussagen höre ich in der Begleitung von Opfern geistlichen Missbrauchs immer wieder. Dabei handelt es sich um ein zentrales Thema, das an den Grundpfeilern christlicher Nächstenliebe ansetzt: der Hingabe an Gott. In diesem Kapitel nähern wir uns diesem heiklen Thema aus verschiedenen Perspektiven: Zuerst gebe ich Hinweise, wie schädliche Hingabe erkannt werden kann, und gehe danach auf die aus dem Missbrauch resultierenden existenziellen Fragen der Missbrauchsopfer ein. Außerdem schauen wir auf die möglichen Konsequenzen für die geistliche Begleitung. Schließlich stelle ich anhand eines Textbeispiels aus dem Exerzitienbuch ein Modell vor, um ein ganz persönliches Hingabegebet zu formulieren.

Schädliche Hingabeforderungen erkennen

Das Neue Testament berichtet, dass Jesus immer wieder zu radikaler Nachfolge aufgerufen hat: Man solle nur ein Hemd mitnehmen, nicht zurückschauen, Mutter, Geschwister, Haus und Hof verlassen, sich selbst verleugnen, sterben wie ein Weizenkorn usw. Die Heiligen haben es vorgelebt. Doch genau im Namen dieser radikalen Nachfolge, im Namen der Selbstverleugnung wird schwere geistliche Gewalt ausgeübt. Wie also kann man förderliche von missbräuchlicher Selbsthingabe unterscheiden?

1. Ausschlaggebend ist das Maß der Freiheit. Wahre Hingabe ist der vielleicht höchste Akt der menschlichen Freiheit, durch den eine Person sich selbst mit ihrem

ganzen Leben ihrem Schöpfer aus Dankbarkeit zurückschenkt. Von ihm hat sie ihr Leben erhalten und empfängt es jeden Tag neu. Missbräuchliche Hingabe hingegen wird unter Druck vollzogen, weil sie von außen eingefordert oder aufgezwungen wird. Sie wird an Begriffe wie: Opfer, Selbstopfer, Aufopferung gebunden. Sie muss leidvoll sein, um einen Wert zu haben: „Wenn Hingabe nicht wehtut, ist es keine Hingabe", heißt es dann zum Beispiel.

2. Freie Hingabe geschieht in einer Atmosphäre vertrauensvoller Dankbarkeit. Also nicht im Verzicht auf die eigene Persönlichkeit, sondern in Wertschätzung für das, was man (geworden) ist. Dieser empfangene Reichtum wird Gott zur Verfügung gestellt. Missbräuchliche Hingabe hingegen ist motiviert von Angst und Scham. Eine Klientin drückte es so aus: „Mein Gottesbild entsprach einer Art Moloch, der nie mit mir zufrieden war und immer weitere Opfer forderte. So habe ich im Gebet häufig nur noch gemurmelt: Einverstanden, nimm mich hin, nimm mich hin … Aber bitte, bitte tu mir nichts! Ich dachte, das seien Hingabe und Opfer aus Liebe, aber das hatte damit wohl nur wenig zu tun."
3. Durch freie vertrauensvolle Hingabe findet der Mensch immer mehr zu sich selbst, wächst, entdeckt und entfaltet seine Talente. Das Missbrauchsopfer hingegen verliert sich selbst, wird immer kleiner und immer weniger.
4. Die Motivation der Hingabe ist ebenfalls entscheidend: Geschieht sie aus einem elitären Denken heraus, weil man damit etwas Großes, ja Radikales für Gott tut, das

nur wenigen Auserwählten gelingt? Oder ist sie geprägt von ehrfürchtiger Dankbarkeit? Das Staunen vor der Größe des geschenkten Lebens, vor der Fülle an empfangener Gnade motiviert, sich seinerseits Gott als Geschenk anzubieten.

In diesem Kontext wäre es lohnend, den Opfergedanken im Christentum zu vertiefen, was aber den Rahmen unserer Fragestellung sprengen würde. Hier möchte ich lediglich auf eine Unterscheidung aufmerksam machen, die es in anderen Sprachen gibt. Zum Beispiel im Englischen und Französischen wird *victim/victime* (jemand, der dazu von anderen gemacht wird) von *sacrifice/sacrifice* (einem Opfer, das eine Person aktiv selber vollzieht) unterschieden. Zusammenfassend gesagt: Eine freie, vertrauensvolle, dankbare und ehrfürchtige Hingabe an Gott bewirkt die Entfaltung der Persönlichkeit. Sie kann Erfahrungen tiefen Glücks auslösen.

Existenzielle Fragen zulassen

Im Namen der Ganzhingabe kann so schwerwiegender geistlicher Missbrauch ausgeübt werden, dass man in diesem Kontext zurecht von geistlicher Gewalt spricht. Menschen werden gezwungen, sich kontinuierlich über eigene Grenzen hinwegzusetzen. Sie sollen sich selbst verleugnen, ihr eigenes Gewissen abschalten, um dadurch angeblich ihr Kreuz auf sich zu nehmen. Bei den Opfern kann dadurch das ganze Spektrum der Folgeerscheinungen nach einer Traumatisierung entstehen. Das reicht von Erschöpfungszuständen und Depression bis zu Belastungsstörungen.[21] In solchen Fällen ist vielfältige professionelle Hilfe nötig, wie etwa medikamentöse Behandlung, Psychotherapie, sozialtherapeutische Unterstützung. Die geistliche Begleitung kann bei der Bearbeitung existenzieller Glaubensfragen helfen. Das ist allerdings erst dann möglich, wenn durch sehr konkrete Unterstützung in vielen Bereichen des Lebens der ehemaligen Opfer äußerlich und innerlich eine gewisse Stabilisierung eingetreten ist. In einer akuten Krise ist alles hilfreich, was Sicherheit, Geborgenheit und Beruhigung ermöglicht. Da die Auseinandersetzung mit existenziellen Fragen häufig mit inneren Erschütterungen einhergeht, sollte sie erst stattfinden, wenn auch die äußeren Bedingungen es erlauben.

Missbrauchsopfer, die (erstaunlicherweise) danach den Glauben nicht verloren haben, werden von vielen Fragen umgetrieben: Wo ist Gott da gewesen? Ich wollte mich doch ihm hingeben und nicht den Verantwortlichen. Hat meine Lebensübergabe an Gott noch einen Wert? War mein Leid, waren all meine Opfer umsonst? War das alles nur fake? Was hatte das mit der Liebe Gottes zu tun? Was kann ich noch glauben? Und vieles andere mehr. Nicht nur für die Opfer, sondern auch für die geistlichen Begleiterinnen sind diese Fragen eine echte Herausforderung. Es ist gut zu wissen, dass es nicht ihre Aufgabe ist, Antworten darauf zu finden. Diese kann man getrost Gott selber überlassen, wobei geistliche Begleitung einen wichtigen Resonanzraum bietet, um die Spuren seines Wirkens zu entziffern. In Präsenz der Begleiter dürfen alle Fragen und Zweifel angesprochen werden. Sie ermutigen immer wieder dazu, Gott zu suchen, sich ihm vorsichtig zuzuwenden, um ihm irgendwann als Gebet all diese Fragen direkt zu stellen. Manche von ihnen finden einen Ausdruck in unterschiedlichen Bibelstellen. Zum Beispiel in den Psalmen oder den Evangelien:

- *„Mein Gott, mein Gott, warum hast du mich verlassen, bleibst fern meiner Rettung, den Worten meines Schreiens? Mein Gott, ich rufe bei Tag, doch du gibst keine Antwort; und bei Nacht, doch ich finde keine Ruhe"* (Ps 22,2–3).
- *„Sagen will ich zu Gott, meinem Fels: Warum hast du mich vergessen? Warum muss ich trauernd einhergehen, von meinem Feind unterdrückt?" (*Ps 42,10*).*
- Die Frage Mariens an den Engel findet manchmal ein Echo in den Betroffenen geistlichen Missbrauchs: *„Wie soll das geschehen?"* (Lk 1,34). Dass ich je wieder glauben kann? Dass meine Seele Heil findet? Dass es in meinem Leben wieder gut wird usw.
- Oder die Frage des Petrus an Jesus: *„Siehe, wir haben alles verlassen und sind dir nachgefolgt. Was werden wir dafür bekommen?" (*Mt 19,27*).*

In der Begleitung können die Spuren von Gottes Antworten entdeckt werden, die zwar manchmal überraschend, aber immer respektvoll sind. Man erkennt sie daran, dass sie der geschundenen Seele Frieden schenken. Im wahrsten Sinne des Wortes sind sie zufriedenstellend.

Hingabe wagen

Nach so einer Phase des Ringens mit Gott, die zu einem gewissen inneren Frieden geführt hat, stellen einige ehemalige Opfer geistlichen Missbrauchs erneut die Frage nach einer möglichen Hingabe an Gott. Dieser Wunsch kann einerseits Ausdruck eines von früher übernommenen Druckes sein, sich doch endlich wieder ganz Gott zur Verfügung zu stellen. Andererseits kann es sich um die Sehnsucht handeln, der erneuerten Beziehung zu Gott eine neue Form zu geben. Damit diese Personen nicht in alte Fallstricke fallen, sondern weiterhin in der inneren Freiheit wachsen, sollten die geistlichen Begleiterinnen die Motivation dieser Art von Hingabegebeten auf wertschätzende Weise hinterfragen.

Zu Beginn des Exerzitienbuches war die Rede davon, dass ungeordnete Anhänglichkeiten erkannt werden sollen. Das dahinter hervorscheinende Ziel ist die liebevolle Ausrichtung des Lebens auf Gott hin: Sich so weit wie möglich ihm zuwenden und möglichst alle Bereiche des Lebens, egal ob angenehm oder unangenehm, in Gottes Gegenwart bringen. Genau darum geht es in der Hingabe an Gott. Aus einem Gebet des Exerzitienbuches habe ich eine Struktur abgeleitet, die dazu dienen kann, in ähnlicher Weise einen eigenen Text zu formulieren.

Sich Gott anerbieten

Am Ende der Übung zum Ruf des Königs (EB 91ff) findet sich ein Gebet (EB 98), das auf den ersten Blick abschreckt, da von Dienst, Beleidigungen, Schmach, aktualer (konkreter) und geistlicher Armut die Rede ist. Auf den zweiten Blick allerdings bietet es ein Modell für etwas Eigenes. Entscheidend ist dafür nicht der Inhalt des Gebetes, sondern die Form, welche einen Rahmen bietet, um eigene Worte für eine persönliche Hingabe an Gott zu finden. Der Inhalt ist lediglich stimmig für Ignatius mit seiner Biografie als Edelmann und Ritter. Lange Jahre hatte er nach Ruhm und Ehre gesucht und erklärt sich nun vor Gott bereit, ihm selbst dann zu dienen, wenn er in Zukunft auf all das verzichten müsste.

Ignatius spricht in diesem Kontext von *Anerbieten*. Dieser Begriff macht deutlich, dass die Initiative vom Menschen ausgeht, der sich selber entscheidet, sein Leben Gott anzubieten. Es ist ein Angebot in Freiheit. Da ist kein Platz für Erwartungsdruck von anderen oder von Gott, ebenso wenig wie von sich selbst. Genaugenommen handelt es sich hierbei um Hingabe ohne Verzicht, denn das, was man geworden ist, bietet man Gott in Teilen oder vollständig nun als Gabe an. Manche Personen meinen, dass Gott sie nur deshalb heilt, damit sie wieder ganz für ihn und seinen Dienst zur Verfügung stehen. Gottes Heilung aber ist umsonst. Er hat keine Hintergedanken und verfolgt damit keine Absichten oder Zwecke. Außerdem drückt der Begriff Anerbieten nur eine Bereitschaftserklärung aus, die nicht mit dem Opfergedanken gleich zu setzen ist, der später von anderen Heiligen, wie z. B. Thérèse von Lisieux, Louis-Marie Grignion de Montfort oder Edith Stein formuliert wird. Die Bewegung zu Gott besteht nicht in einem Sich-aufopfern, sondern darin, ihm etwas anzubieten – etwas Wertvolles. Im Text ist die Rede von *Wollen*, *Wünschen* und *einem überlegten Entschluss*. Da steht ein erwachsener Mensch vor Gott, der um den Wert seiner Begabungen weiß, der eine Ahnung davon hat, was Nachfolge Christi für ihn bedeuten könnte. Hier nun der Text, so wie er im Exerzitienbuch (98) überliefert ist:

> *„Ewiger Herr aller Dinge, ich mache*
> *mit Eurer Gunst und Hilfe*
> *vor Eurer unendlichen Güte*
> *vor Eurer glorreichen Mutter*
> *und allen heiligen Männern und Frauen des himmlischen Hofes*
> *mein Anerbieten,*
> *dass ich meinerseits will und wünsche*
> *und es mein überlegter Entschluss ist,*
> *wofern dies nur Euer größerer Dienst und Lobpreis ist,*
> *Euch darin nachzuahmen,*
> *alle Beleidigungen und alle Schmach*
> *und alle sowohl aktuale wie geistliche Armut zu erdulden,*
> *wenn*
> *Eure heiligste Majestät*
> *mich zu einem solchen Leben und Stand erwählen und*
> *annehmen will.“*

In diesem Gebet kommt der Gefolgschaftsgedanke des damaligen Rittertums zum Ausdruck. Dieses ähnelte nicht dem heutigen Militär, sondern war geprägt von einer tiefen Vertrauensbeziehung zum jeweiligen Herrn. Es war eine Ehre, dabei sein und diesem dienen zu dürfen. Dazu machte man seine Aufwartung, die im heutigen Kontext mit einer Initiativbewerbung zu vergleichen wäre. Der Text ist geprägt von großem romantischem jugendlichem Idealismus. Er entspricht fast wörtlich dem, was die zukünftigen Ritter in der damaligen Zeit ihrem zukünftigem Herrn gegenüber zu sagen hatten. Um ein eigenes Gebet zu formulieren, sollte man zuerst ein für sich passendes Bild suchen: Bewerbungsschreiben, Motivationsbrief, Verlobungsbitte oder Ähnliches.

Die Struktur des Anerbietens lässt sich folgendermaßen darstellen:

1. Aufzählen und danken für das, was Gott bereits für mich getan hat und weiterhin tun wird (Ignatius: Gunst, Hilfe, unendliche Güte).
2. Mich gedanklich zu Freunden aus dem himmlischen Hof hinzugesellen, unabhängig davon, ob sie offiziell heilig gesprochen wurden oder nicht. Es können auch noch lebende Freunde und Vorbilder im Glauben sein (Ignatius: glorreiche Mutter, heilige Männer und Frauen).
3. Formulieren, was ich Gott anbieten möchte. Das ist etwas, das mich an Christus so anzieht und fasziniert, dass ich ihm genau darin ähnlich werden möchte (Ignatius: Beleidigungen, Schmach, aktuale und geistliche Armut).
4. Abschließend Gott bitten, dass er dieses Geschenk annehmen möge, wenn es seinem Willen für mich entspricht. Dieses „wenn“ ist wichtig, denn es kann ja sein, dass Gott ganz andere Überraschungen für mich im Sinn hat.

Das Sich-anbieten des Ignatius steht im Lichte dessen, was er von Gott bisher erfahren hat: seine *Gunst*, *Hilfe* und *unendliche Güte.* Er weiß um die Größe Gottes mit seinen unverdienten Gaben, die dieses Anerbieten erst möglich machen. Der Verweis auf die *Mutter Gottes* und alle *Heiligen* stellt das Geschehen in einen größeren Beziehungszusammenhang, in den *himmlischen Hof.* Der sich Anbietende steht nicht allein vor Gott. Schließlich formuliert Ignatius seine Bereitschaft, den Herrn auf die ihm eigene Weise nachzuahmen. Er formuliert damit etwas von dem, was seine persönliche Berufung ausmacht. Der ehemalige Edelmann, der es im Laufe der Jahre zu schätzen gelernt hat, auf eigene Ehre und Reichtum zu verzichten, erklärt sich bereit, auch weiterhin *Beleidigungen, Schmach, aktuale und geistliche Armut* auf sich zu nehmen. Für ihn heißt Nachfolge, dem armen und geschmähten Jesus zu folgen. Das ist *seine* Form der Nachfolge, die nicht kopiert werden darf, damit die eigenen Inhalte abhängig von der eigenen Biografie mit der daraus gewachsenen Persönlichkeit gefunden werden können. Was man Gott anbieten möchte, sollte persönlich und individuell formuliert werden. Sich vertrauensvoll Gott hinzugeben ist eine intime Erfahrung, genauso einzigartig wie die körperliche Hingabe an einen anderen Menschen. Für Opfer geistlichen Missbrauchs wird es sicherlich nicht um Beleidigungen gehen. Sie müssen wahrscheinlich erst einmal lernen, im eigenen Leben wieder Gutes, Wertvolles und Kostbares wahrzunehmen, die eigenen Talente und Begabungen zu sehen, um für sich selbst eine neue Dankbarkeit zu verspüren. All das wollen sie eines Tages vielleicht auch Gott zur Verfügung stellen. Das Verständnis von Nachfolge Jesu darf nicht von Verzicht und Mangel geprägt sein, denn das haben die ehemaligen Opfer schon zur Genüge erlebt. Ich frage meine Klienten, was sie an Jesus fasziniert, was sie begeistert, wovon sie sich angezogen, hingezogen, ja vielleicht sogar gerufen fühlen. Nachfolge könnte dann bedeuten, ihm darin ähnlich zu werden. Dabei handelt es sich zum Beispiel um seine Geduld oder Güte, vielleicht um die Art und Weise, wie er sich der Armen annimmt oder Beziehungen gestaltet. Bei anderen ist es das Staunen vor seiner Bereitschaft zum Mitleiden. Für eine Klientin war es der Satz Jesu: *„Und ihr – ihr habt in allem, was ich durchgemacht habe, treu bei mir ausgehalten"* (Lk 22,28 Neue Genfer Übersetzung). Ihr wurde deutlich, dass alles, was sie innerhalb der Kirche durchgemacht hatte, ebenso ein Leiden Jesu war, das er mit ihr und sie mit ihm gemeinsam durchgestanden hatten.

Abschließend überlässt Ignatius die Entscheidung zu seiner Form der Nachfolge noch einmal dem Willen Gottes. Er fordert nicht und bestimmt nicht allein, sondern er bietet tatsächlich nur an. Daher steht dieses Gebet innerhalb des Exerzitienprozesses zwischen der zweiten und dritten Woche, d. h. noch vor der Wahl eines Lebensstandes.

Menschen, die Opfer von geistlicher Unterdrückung geworden sind, würde ich vorschlagen, zusätzlich einige rote Linien zu ziehen, um deutlich zu formulieren, was ihre Gottesbeziehung nie wieder prägen oder beeinflussen soll. Hier können alte Verletzungen noch einmal zur Sprache kommen. Damit wird deutlich, wo weiterhin ganz sensible Bereiche in der Seele der betroffenen Person sind, die nun nicht (mehr) vor Gott versteckt werden müssen. So wie sie unverschuldet geworden sind, werden sie von ihm gesehen und angenommen. Das fördert Vertrauen. Mir wurde nach solchen Gebeten mehrfach von Klienten berichtet, wie sie eine feinfühlige und respektvolle Bestätigung Gottes wahrgenommen haben, sei es durch einen inneren Eindruck, eine Predigt, einen Bibelvers oder auf andere Weise. Gott ist kein Abbild der unterdrückenden manipulierenden Täter oder Täterinnen. Es braucht Zeit, bis diese Wahrheit in die Tiefen der verletzten Seelen vordringt und dort ein neues Gottesbild entsteht.

Bis Gott selber sich offenbart

Das Ziel aller Übungen mit ihren Begleitgesprächen besteht eben darin, dass *„der Schöpfer und Herr selbst sich seiner frommen Seele mitteilt"* – *„Der die Übungen gibt, soll [...] unmittelbar den Schöpfer mit dem Geschöpf wirken lassen und das Geschöpf mit seinem Schöpfer und Herrn."* (beide EB 15). Wenn das geschieht, wird deutlich, dass die verletzte Gottesbeziehung dabei ist zu heilen. Zerstörtes Vertrauen wird wieder hergestellt. Die begleitete Person kann sich Gott (wieder) zuwenden und sich von seiner Gnade anrühren lassen. Es braucht nun weniger Unterstützung vonseiten der Begleitpersonen. Jetzt ist die Zeit, dem Herrn den ganzen Raum zu lassen. In den geistlichen Übungen wird dieser Tatsache dadurch Rechnung getragen, dass Ignatius für die letzte Exerzitienwoche nur noch sehr kurze Anweisungen gibt. Nur eine Übung stellt er noch ausführlich vor: das Gebet, um Liebe zu erlangen (EB 230–237), worauf ich in Kapitel 6 eingehen werde.

Geistlichen Missbrauch überwinden

Das Exerzitienbuch des Ignatius enthält zahlreiche Hinweise und Übungen, die für geistliche Begleiter und Begleiterinnen hilfreich sind, die Opfern geistlichen Missbrauchs auf ihrem Weg der Bearbeitung und vorsichtigen Zuwendung zu Gott beistehen. Es bietet ein respektvolles befreiendes Modell von christlicher Spiritualität, das ein Gegenentwurf zu früheren traumatischen Erfahrungen ist. Davon profitieren vor allem die (ehemaligen) Opfer. Die hier beschriebenen Hinweise sind ebenfalls eine Unterstützung für jene Personen, die sich bewusst geworden sind, wie sie andere geistlich unter Druck gesetzt haben. Auch sie können von den genannten Übungen für sich selbst Nutzen ziehen. Das ist der beste Schutz gegen erneuten Missbrauch, denn wer sich selbst respektiert und gut zu sich ist, geht so auch mit anderen um. Wer geistlich erfüllt ist, braucht andere nicht zu manipulieren oder auszunutzen.

Geistliche Begleitung setzt immer eine gewisse Kreativität voraus. Bei Opfern geistlichen Missbrauchs muss die Begleiterin jedoch noch viel mehr bereit sein, originelle Wege zu gehen, denn Herkömmliches wurde bereits missbraucht. Auf dem verbrannten und verminten Feld muss mit viel Einfallsreichtum ausprobiert werden, wohin die nächsten sicheren Schritte gegangen werden können.

Außerdem sollten sich die Begleiter gut überlegen, was sie im Rahmen von geistlicher Begleitung leisten können und leisten wollen. Das hängt nicht nur von der zeitlichen Verfügbarkeit ab, sondern auch von der inneren. Sie können sich nicht unbegrenzt um alle schwerwiegenden Fälle kümmern, zumal zu den zeitlichen und psychischen Belastungen noch die spirituellen hinzukommen. Sie sollten sich darauf einstellen, dass auch der eigene Glauben erschüttert wird, dass das Vertrauen in die Institution Kirche ins Wanken kommt.

Ignatianische Spiritualität ist bei der Überwindung von geistlichem Missbrauch auf vielfältige Weise eine große Hilfe. Doch auch sie kann, wie jede Form geistlichen Lebens, zu einem Mittel der Manipulation und Ausnutzung gemacht werden. Worauf dabei zu achten ist, wird im nächsten Kapitel näher beschrieben.

4. Ignatianische Spiritualität missbrauchen

In der ignatianischen Spiritualität finden sich – so wie in anderen Spiritualitätsformen auch – Fallstricke, um geistliche Machtansprüche auszubauen. Damit können Menschen manipuliert, ausgenutzt und für die Befriedigung eigener Bedürfnisse missbraucht werden. Einige dieser Fallstricke, die sich aus dem Exerzitienbuch ergeben, habe ich hier zusammengestellt.

4.1. Ergebnisse erwarten

Für Gott ist die Freiheit des Menschen von unermesslichem Wert. Anleitungen für ein gelingendes geistliches Leben können daher nur Hinweise oder Angebote sein, für oder gegen die sich die übende Person frei entscheiden soll. Der Weg des Einzelnen mit Gott gestaltet sich ganz individuell. Wer meint, verstanden zu haben, wie geistliches Leben funktioniert, läuft Gefahr, den begleiteten Personen vorzuschreiben, was die nächsten Schritte auf ihrem Weg sind. Dabei geht es nicht nur um Entscheidungen. Es geht auch um bestimmte Ergebnisse oder Erfahrungen, die erwartet oder eingefordert werden, wenn die begleitete Person eine Übung macht oder mit einem Bibeltext betet. Zum Beispiel: „Betrachten Sie die Perikope der Sturmstillung bei Markus 4,35–41 (vgl. EB 27). Da werden Sie Frieden finden, wenn Sie sich vorstellen, mitten im Sturm neben dem schlafenden Jesus auf dem Kissen zu liegen.“ Die Person kann in der Betrachtung jedoch eine ganz andere Erfahrung machen. Vielleicht identifiziert sie sich mit den Jüngern, die den schlafenden Jesus aufwecken und ihn um Hilfe anflehen. Statt sich in das vom Begleiter vorgegebene passive Ertragen des Sturmes einzufügen, fühlt sie sich ermutigt, aktiv zu werden, um etwas an ihrer schwierigen Situation zu verändern.

In ähnlicher Weise könnte ungeduldig erwartet werden, dass durch die Übungen, die bei einer Entscheidung helfen sollen, nun endlich eine Entscheidung getroffen wird. Ein weiterer typischer Fallstrick wäre die Forderung von Indifferenz (vgl. Kapitel 3.1.). Ebenso könnte vorgeschrieben werden, als Zeichen besonderer Heiligkeit das Gebet des Anerbietens in EB 98 oder der Hingabe von EB 234 wortwörtlich als eigene Gebetsform zu übernehmen (vgl. Kap. 3.6.).

Besonders heikel wird es, wenn die genannten Erwartungen an Bedingungen geknüpft werden. Zum Beispiel: „Wenn Sie das Gebet des Anerbietens vom Beginn der zweiten Woche (EB 98) nicht beten wollen, können Sie nicht in die dritte Woche der Exerzitien voranschreiten.“ Oder: „Wenn Sie nicht (endlich!) in die Indifferenz kommen, werden Sie nie eine Entscheidung treffen.“ Eine weitere schädliche Kombination ist die Verbindung aus Forderung und Abwertung. Zum Beispiel: „Ihr Unvermögen, sich an alle vorgeschriebenen Gebetszeiten zu halten, zeigt, dass Gott bei Ihnen nicht an erster Stelle steht.“

Das drückt Herablassung aus, die Selbstzweifel und Minderwertigkeitsgefühle der Adressaten aufbauen oder verstärken wird.

Ebenso kann die Biografie des Ignatius als Beispiel radikaler und konsequenter Nachfolge angeführt werden, um damit Druck aufzubauen. Man könnte sich zum Beispiel auf die Texte von Manresa beziehen, in denen vom Fasten und extremer Askese die Rede ist. An einer Stelle heißt es, „dass er weder essen noch trinken würde, bis Gott für ihn gesorgt hätte".[22] Im Lichte solcher aus dem Kontext gelöster Passagen, die als Maßstab wahrer Heiligkeit dargestellt werden, müssen alle Anstrengungen, die jemand heute erbringt, unzureichend wirken.

In Strukturen pressen

Mit den vier aufeinanderfolgenden Wochen beschreibt das Exerzitienbuch ganz allgemein Etappen oder Phasen auf dem geistlichen Weg. Wo geistliches Leben strukturiert wird, schafft das einerseits ein besseres Verständnis, andererseits entsteht die Gefahr, Menschen in diese Strukturen hineinzupressen. Der persönliche Weg des Einzelnen ist aber wichtiger als die vorgegebene Abfolge der Übungen. Man könnte sich ebenso an bestimmten Punkten oder Etappen festbeißen, um von der begleiteten Person zu fordern, alles vollständig zu beten und genau wie vorgegeben zu betrachten. Das kann das Gegenüber bis zur Verzweiflung führen. Wenn es immer wieder erlebt, dass es nicht in der Lage ist, „richtig" zu beten, wird es am Ende davon überzeugt sein, dass es schuldig ist, weil es sich den nächsten Schritten auf dem geistlichen Weg verweigert.

Der Text des Exerzitienbuches ist vor vielen Hundert Jahren in einem ganz anderen Kontext als heute entstanden. Von daher müssen viele Textpassagen in unsere Zeit übersetzt werden. Außerdem sollten sie an die Mentalität der Menschen, mit denen man es gerade zu tun hat, angepasst werden. Selten wird man den begleiteten Personen den Originaltext zu lesen geben. Die Gedanken und Übungen können übertragen, paraphrasiert und an die jeweilige Situation angepasst werden. Im Folgenden habe ich einige für Missbrauch besonders anfällige Stellen und Konzepte aus den vier Exerzitienwochen zusammengestellt.

4.2. Fallstricke der ersten Woche

Indifferenz

Im Prinzip und Fundament ermutigt Ignatius dazu, sich indifferent zu machen (EB 23). Dieses typisch ignatianische Konzept soll zu größerer innerer Freiheit führen, indem es einseitige Fixierungen auf bestimmte Wünsche oder Bedürfnisse aufweicht. Demnach soll man nicht ausschließlich nach Gesundheit, Ehre, langem Leben und Reichtum streben, sondern sich innerlich darauf einstellen, auch Krankheit, Ehrlosigkeit, kurzes Leben und Armut anzunehmen. Falls es dazu kommt, solle man sich bereit machen, auch darin Gottes Willen zu suchen. Falsch verstandene Indifferenz führt zu einer Haltung, in der alles egal wird, weil man die innere Motivation verliert, das eigene Leben zu gestalten. Ignatius spricht nicht von Indifferenz als Substantiv, d.h. von etwas Statischem, das irgendwann erreicht wäre. Stattdessen benutzt er zusammengesetzte Verbformen: sich mehr und mehr indifferent machen, oder es mehr und mehr werden. Das Konzept der Indifferenz kann verabsolutiert im Zusammenhang mit Forderungen nach Gehorsam zu einem massiven Druckmittel umfunktioniert werden. Das klingt dann so: „Das Ideal des Ignatius ist die absolute Indifferenz. So kann es dir völlig gleichgültig sein, worum die Verantwortlichen dich bitten. Gerade wenn dich der von ihnen im Gehorsam geforderte Weg in Armut, Ehrlosigkeit, Krankheit oder zu einem kurzen Leben führt, musst du diesen Weg in jedem Fall als Zeichen deiner Indifferenz einschlagen. Nur so kannst du den Willen Gottes tun!“. Dahinter verbirgt sich zusätzlich die irrtümliche Auffassung, dass im geistlichen Leben der schwerere Weg immer der bessere oder heiligere ist.

Sündenerkenntnis

Die Besinnung über die Sünden aus der ersten Exerzitienwoche benutzt Bilder, die heute eher schockierend wirken: „*Meine ganze Verderbnis und körperliche Hässlichkeit schauen. [...] Mich wie eine Wunde und ein Geschwür schauen, aus dem so viele Sünden und so viele Schlechtigkeiten und so schändlichstes Gift hervorgegangen sind*“ (EB 58). Das ist eine Sprache, die den Menschen von heute nicht mehr zugänglich ist. Nebenbei bemerkt, für Opfer geistlichen Missbrauchs ist das reines Gift. Wenn die Menschen zu Beginn des Exerzitienweges anfangen, ihr Leben zu ordnen, werden ihnen unweigerlich auch ihre Schattenseiten bewusst. Dies geschieht nicht, um sich herabzuwürdigen und mit Selbstvorwürfen fertig zu machen. Es ist im Gegenteil die Vorbereitung für eine sanfte Gnade, die den Weg in eine neue Freiheit aufzeigt. So steht häufig am Ende dieses Prozesses eine eventuell auch sakramentale Feier der Versöhnung. Sie ist Ausdruck einer neuen Hoffnung, gepaart mit einem tieferen Vertrauen in Gott und einem größeren Zutrauen in sich selbst. Jede Form des Zwangs oder Erwartungsdrucks ist in diesem Zusammenhang zu unterlassen.

Ähnliches gilt für die Texte über Buße und Züchtigung (EB 82–89). Es reicht, sie zu lesen, um zu erkennen, wie damit Druck auf andere Menschen ausgeübt werden könnte. Da die Gedanken so sehr aus einer anderen Zeit stammen, halte ich die Gefahr für gering, dass sich heute jemand darauf beziehen könnte bzw. sich Menschen davon beeinflussen lassen würden.

4.3. Fallstricke der zweiten Woche

Beleidigungen und Schmähungen

Am Beginn der zweiten Woche findet sich das Gebet des Anerbietens, auf das in Kapitel 3.6. bereits ausführlich eingegangen wurde. Hier möchte ich noch einmal auf einige Formulierungen aufmerksam machen. Der Satz: „*Euch darin nachzuahmen, alle Beleidigungen und alle*

Schmach und alle sowohl aktuale wie geistliche Armut zu erdulden", ist wie geschaffen dafür, um andere zu erniedrigen und jedwede Beleidigung oder Beschämung geistlich zu rechtfertigen. Der Verweis auf geistliche Armut kann zusätzlich zur Durchsetzung von Redeverboten benutzt werden. Zum Beispiel: „Sie stellen zu viele Fragen! Machen Sie sich nicht so viele Gedanken! Wählen Sie die geistliche Armut und vertrauen Sie Ihren Verantwortlichen!"

An anderer Stelle spricht Ignatius von Beleidigungen und Schmähungen, die wir „*ohne irgend jemandes Sünde erdulden*" und „*ohne Missfallen seiner göttlichen Majestät*" zu ertragen haben (EB 147). Das kann für Opfer von geistlichem Missbrauch ein wirklich erhellender Gedanke sein. Das, was sie bisher an emotionaler Manipulation, psychischer Erpressung, Unterdrückung, Erniedrigung und Ähnlichem erlebt haben, erregt mit Sicherheit das „*Missfallen seiner göttlichen Majestät*" und kann in keiner Weise mit seinem Willen gleichgesetzt werden.

Magis

Ein Schlüsselbegriff der ignatianischen Spiritualität ist das „Mehr" oder lateinisch: *magis*. Dies bezieht sich einerseits auf eine tiefere Liebe zu Gott: „*Innere Erkenntnis des Herrn erbitten, der für mich Mensch geworden ist, damit ich mehr ihn liebe und ihm nachfolge*" (EB 104), andererseits auf eine besser verwirklichte Berufung: „... *was uns mehr zu dem Ziel hinführt, zu dem wir geschaffen sind*" (EB 23,7) und schließlich auch auf den eigenen Nutzen: „... *in einer oder in ver-*

schiedenen Übungen, wie es ihm mehr scheint, er werde für sich Nutzen ziehen können" (EB 209,6).

Dennoch ist das Konzept *magis* missverständlich.[23] Es ist bestens geeignet, als Mittel des geistlichen Missbrauchs benutzt zu werden, wobei Leistungsdruck ausgeübt und Perfektionismus gefordert werden. Die Zahl der Gebetszeiten und/oder ihre Dauer werden immer wieder erhöht. Intensität oder Qualität der Gebetszeiten werden angezweifelt, um zu immer größeren Anstrengungen zu motivieren. Den Begleitpersonen oder den Exerzitanden geht es nicht schnell genug. Sie hetzen sich durch die Übungen und versuchen, Etappen zu überspringen. Eine besondere Form dieser Übertreibungen besteht darin, zu schnell zu viel zu wollen, indem zum Beispiel der ganze Exerzitienprozess in acht Tage gepresst wird. Ein falsch verstandenes *magis* kann sich ebenfalls im Erfolgsdruck äußern: Man will immer mehr und immer bessere Ergebnisse der Exerzitien im geistlichen Leben sehen.

Ein häufiger Irrtum liegt darin, aus dem Komparativ „mehr oder besser" einen Superlativ „am Meisten oder am Besten" zu machen. Dies geschieht insbesondere dann, wenn es um Entscheidungen geht. Der Komparativ wägt hier lediglich zwischen zwei oder drei konkreten Möglichkeiten ab, wohingegen der Superlativ die beste Entscheidung unter allem sucht, was irgendwie vorstellbar wäre. Beim richtig verstandenen *magis* richtet sich die Aufmerksamkeit auf den derzeitigen Ausgangspunkt: Was ist in dieser Situation besser für die begleitete Person? Wo erfährt sie größeren Trost? Wie kann ihr Leben Sinn finden? Was erleben sie und andere als fruchtbarer? Der Fixpunkt ist nicht ein unerreichbares spirituelles Ideal, vor dem jeder noch so mutige Schritt nach vorn winzig klein erscheinen muss. Ein wunderbares Gegenmittel zum Leistungsdruck gibt uns Ignatius selber. In EB 2 ist die Rede von „*etwas finden*“ und „*was die Geschichte ein wenig mehr erläutern oder verspüren lässt*“. Da heißt es nicht: „alles finden“ und was die Geschichte „am besten“ erläutern und verspüren lässt. In der persönlichen Weiterentwicklung ist besser ausreichend, es muss nicht gleich das Beste sein.

Eigenwille

Ein weiteres Zitat möchte ich als besonders heikle Stelle eigens erwähnen: „*Denn jeder bedenke, dass er in allen geistlichen Dingen so viel Nutzen haben wird, als er aus seiner Eigenliebe, seinem Eigenwillen und Eigeninteresse herausgeht*“ (EB 189). Es steht am Ende der Anweisungen, um eine gute Wahl zu treffen. Für Verantwortliche von Orden, Gruppen, Pfarreien oder Ähnlichen kann dieses Zitat eine Art Totschlagargument bei Meinungsverschiedenheiten oder umstrittenen Entscheidungen darstellen. Der Satz muss aber im Kontext des geistlichen Prozesses gelesen werden. Er richtet sich nicht an Verantwortliche oder Begleiter, sondern an die Exerzitandinnen selber. Ganz im Sinne der Aussagen vom Prinzip und Fundament werden diese ermutigt, sich bei der Suche nach der richtigen Entscheidung bereit zu machen, eigene Fixierungen zu lösen, um so möglichst indifferent zu werden. Sie sollen sich im Exerzitienprozess Zeit nehmen, um zu bedenken, wo sie vielleicht zu sehr an eigenen Vorstellungen und Interessen hängen. Das ist ein ganz persönliches Hinspüren, das völlig ergebnisoffen ist. Es handelt sich dabei nicht um eine Aufforderung an Leitungspersonen, den ihnen anvertrauten Menschen an den Kopf zu werfen, dass diese zu egoistisch seien oder nur ihr Ding machen wollen.

Betrachtung des zwölfjährigen Jesus im Tempel

Als Beispiel dafür, wie Bibelstellen missbraucht werden können, möchte ich auf die Betrachtung von EB 272 eingehen. Der zwölfjährige Jesus im Tempel sagte zu seinen Eltern: „*Wusstet ihr nicht, dass ich in dem sein muss, was meinem Vater gehört* (Lk 2,49)." Für manch einen ist das eine Ermutigung, sich aus bisherigen Sicherheiten, wie zum Beispiel der Herkunftsfamilie zu lösen, um engagiert der eigenen Berufung zu folgen. Man kann diese Verse aber auch zitieren, um von außen zu einem radikalen Bruch mit dem bisherigen Beziehungsnetzwerk aufzufordern, vielleicht noch gekoppelt mit dem Verweis auf: „*Man muss Gott mehr gehorchen als den Menschen*" (Apg 5,29). Dann wird die Stelle instrumentalisiert, um Menschen unter Druck zu setzen und in die Isolation zu führen. Das genaue Gegenteil ist aber auch denkbar. Dann ermutigt die Betrachtung dieser Textstelle dazu: Der eigenen Wahrnehmung Gottes mehr zu vertrauen als dem, was andere vorschreiben. Das Wagnis eingehen, sich aus einschränkenden oder missbräuchlichen Systemen zu lösen, um sich den Ort zu suchen, wo die eigene Seele nach Hause kommt, in den Tempel, der „meinem Vater im Himmel" gehört.

4.4. Fallstricke der dritten Woche

Passion

Im Gebet mit-zu-empfinden, wie es Jesus und den anderen Protagonisten bei der Passion ergangen sein mag, ist ein Gnadengeschenk. Man betrachtet, wie er gelitten hat und verspürt eine gewisse *com-passion* oder Mit-Leid. Zu fordern oder zu erwarten, dass dies durch eigene Anstrengung erreicht wird, gehört in den Bereich des emotionalen Missbrauchs, da dabei anderen bestimmte emotionale Erfahrungen vorgeschrieben werden. Noch schwerwiegender sind Ermutigungen oder Einladungen, an Jesu Stelle zu leiden, um das Leiden Christi zu vollenden, zum Beispiel mit Verweis auf Kolosser 1,24: „*Ich ergänze in meinem irdischen Leben, was an den Bedrängnissen Christi noch fehlt*".

Die Auseinandersetzung mit Kreuz und Passion gehören zum Kern des Christentums. Die Begegnung mit dem leidenden Jesus ermöglicht im besten Fall, das Leid der eigenen Lebensgeschichte mit Gott in Verbindung zu bringen. Immer wieder eröffnen sich dadurch für die Personen Räume von tiefem Trost oder neuer Sinngebung. Das, was dort geschieht, ist so intim, dass es sich dabei um heiligen Boden handelt, der besonderen Schutz, Respekt, Vorsicht und Wohlwollen erfordert. In diesem delikaten Bereich in irgendeiner Weise Druck aufzubauen, ist purer geistlicher Missbrauch. Das geschieht zum Beispiel mit viel zu früh geäußerten Einladungen zu Vergebung oder Verweisen auf die Auferstehung, die alles Leid verwandeln würde. Einer Seele, die sich öffnet, um ihr inneres Leid zuzulassen und zu verspüren, werden so neue Verletzungen zugefügt. In diesem Kontext ist der Begriff geistliche Gewalt durchaus angemessen.

Ignatius fordert an mehreren Stellen dazu auf, sich anzustrengen, um „*traurig zu werden und Schmerz zu empfinden*" (EB 206,2). Man solle sich selbst „*in Schmerz und Qual und Zerbrochenheit*" versetzten (EB 206,4). Mit derartigen Aussagen kann hoher emotionaler Druck aufgebaut werden und den anvertrauten Personen wirklich geschadet werden. Daher erstaunt es nicht, dass Ignatius für die Betrachtungen der Passion mehrere Optionen anbietet: „*Wer sich beim Leiden mehr aufhalten will...*" und weiter unten: „*Wer umgekehrt beim Leiden mehr abkürzen will...*" (EB 209). Bei diesem Zitat muss ich an den ungläubigen Blick eines Exerzitanden denken, der nicht fassen konnte, dass man beim Leiden „abkürzen" könne. Bislang hatte ihm noch niemand gesagt, dass er gute Exerzitien machen könne, ohne sich intensiv mit der Passion Jesu auseinanderzusetzen.

Ignatius hält sich mit anderen Anweisungen zurück. Ab dem zweiten Tag zählt er nur noch die zu betrachtenden biblischen Passagen auf und gibt nicht vor, was die Exerzitanden im Einzelnen erleben sollen. Er spricht lediglich von sehen, hören, schauen und davon, für sich selber irgendeinen Nutzen zu ziehen (vgl. 194). Man beachte auch hier die Wortwahl: Da steht „irgendeinen" Nutzen und nicht ein bestimmter oder der größte. Es geht dabei um den Nutzen für die betrachtende Person. Das ist nicht zu verwechseln mit den größeren Zielen, wie die Bekehrung der Welt, den Heilsplan Jesu oder die Erneuerung der Kirche, in deren Namen Menschen immer wieder zu Opfern gezwungen werden.

4.5. Fallstricke der vierten Woche

Auferstehungsfreude

Ähnlich wie in den vorhergegangenen Wochen liegt auch hier eine Gefahr für geistlichen Missbrauch darin, bestimmte Gefühle vorzuschreiben. Im Kontext der vierten Woche wäre es die Freude über die Auferstehung. Wenn geistliche Begleiter oder Begleiterinnen innerlich in ihrer Fähigkeit ermatten, sich mit dem Leid anderer auseinanderzusetzen, können sie in die Falle tappen, bei den von ihnen begleiteten Personen nun endlich positivere Erfahrungen zu erwarten. Das kann subtil oder offensichtlich geschehen: „Vergessen Sie nicht, der Herr ist auferstanden! Wie steht es denn um Ihren Glauben an die Auferstehung Jesu? Die Freude am Herrn ist Ihre Stärke! (Neh 8,10)." Ignatius ermutigt, auch leiblich die schönen Dinge zu genießen: „*im Sommer Frische und im Winter Sonne und Wärme*" (EB 229). Oder er empfiehlt ganz pragmatisch: sich an Dinge zu erinnern, die zu „*Fröhlichkeit und geistlicher Freude bewegen*" (ebd.). Ihm ist klar, dass die Freude eine Gnade ist, die von Gott erbeten und geschenkt wird. Man solle die „*Gnade erbitten, um fröhlich zu sein und mich innig zu freuen über so große Herrlichkeit und Freude Christi unseres Herrn*" (EB 221).

In der vierten Woche finden wir ein weiteres Hingabegebet. Wie schon unter 3.6. beschrieben, geschieht viel geistlicher Missbrauch unter dem Deckmantel der absoluten Hingabe an Gott. Es gibt Menschen, die sich das Gebet des Ignatius in EB 234 zu eigen gemacht haben und es täglich am Ende ihrer persönlichen Gebetszeit rezitieren. Das kann passend sein, weil es Ausdruck ihres geistlichen Weges ist. Dies von anderen fordern darf man aber nicht. Bei gemeinsam laut rezitierten Hingabegebeten entsteht ein Gruppendruck, in dem der Raum der persönlichen Freiheit stark eingeschränkt wird.

Der Gebetstext, auf den ich mich hier beziehe, beginnt mit: „*Nehmt, Herr, und empfangt meine ganze Freiheit, …*". Diese Formulierung öffnet Haus und Hof für geistlichen Missbrauch. Verantwortliche könnten sich daran ein Beispiel nehmen, um anderen im Namen dieses Gebetes „die Freiheit zu nehmen". Wenn jemand dem Herrn tatsächlich seine Freiheit zur Verfügung stellen möchte, wovon in christlicher Spiritualität an vielen Stellen berichtet wird, dann wäre es angemessener, eine andere Formulierung zu wählen: „Ich schenke dir, Herr, meine ganze Freiheit". Hierdurch werden zwei Dinge deutlich: Erstens geht die Initiative vom Menschen aus, denn Gott hat ihm die Freiheit geschenkt und will sie ihm nicht nehmen. Zweitens geht es um ein sehr kostbares Geschenk, das umsonst und absichtslos gegeben wird. Im zweiten Teil formuliert Ignatius daher folgerichtig: „*Ihr habt es mir gegeben; euch Herr, gebe ich es zurück.*"

Für Opfer von geistlichem Missbrauch ist hier allergrößte Vorsicht geboten. Ich habe immer wieder erlebt, dass diese Art von Formulierungen für sie verbrannter Boden sind, über den sie nicht mehr gehen wollen. Sie haben früher ähnliche Gebete formuliert und dabei vielleicht gedacht, dass sie es in Freiheit tun. Doch in Wirklichkeit haben sie ihre Freiheit nicht hingegeben oder anvertraut, sondern sie wurde ihnen gestohlen. Es ist der lange Weg der Aufarbeitung, der ihnen ermöglicht, diese allmählich wiederzugewinnen. Es kann sein, dass sie weiterhin von sich selbst erwarten, sich irgendwann Gott wieder „richtig" hingeben zu können. Da ist es Aufgabe der Begleitperson, diesen Erwartungsdruck zu mildern und immer wieder zu betonen, wie wichtig Gott die Freiheit des Menschen ist, zum Beispiel mit Verweis auf Galater 5,1: „*Zur Freiheit hat uns Christus befreit. Steht daher fest und lasst euch nicht wieder ein Joch der Knechtschaft auflegen*!" Im ganzen Gebetstext findet sich fünf Mal das Wort „mein". Ignatius zählt auf, was er Gott anvertraut: *meine* Freiheit, *mein* Gedächtnis, *meinen* Verstand, *meinen* Willen, *mein* Haben und Besitzen. Erst das, was ganz zum Eigenen geworden ist, was geachtet, wertgeschätzt und liebgehabt wird, eignet sich als Geschenk an Gott. Auch darauf ist zu achten, wenn begleitete Personen einen derartigen Akt der Ganzhingabe vollziehen wollen.

4.6. Verzweckung des geistlichen Prozesses

Schließlich stehen alle Formen von Verzweckung der Großzügigkeit und Freiheit des geistlichen Lebens entgegen. Dazu möchte ich einige Beispiele nennen:

- Entscheidungsfindung: Ignatianische Exerzitien werden häufig genutzt, um eine wichtige Entscheidung zu fällen. Der Prozess dahin ist aber zweckfrei. Er beginnt damit, bei sich anzukommen, sich auf Gott auszurichten und das Leben zu ordnen. Was schließlich in dieser Begegnung passiert, ist nicht vorhersehbar oder kontrollierbar. Es kann sein, dass die Zeit für eine Entscheidung noch nicht reif ist oder eine ganz andere Option aufscheint. Der Prozess der Exerzitien hilft, das Leben zu ordnen, um den göttlichen Willen in der Einstellung des eigenen Lebens zum Heil der Seele zu suchen und zu finden (EB 1). Auch wenn es nicht zu einer Entscheidung kommt, wird der zurückgelegte Weg fruchtbar sein.
- Selbstverwirklichung: Die Etappen im geistlichen Leben, so wie sie in den vier Wochen der Exerzitien beschrieben werden, zeigen einen Weg zu größerer innerer Freiheit und einem erfüllteren Leben. Wenn dieser Prozess aber primär benutzt wird, um sich selbst geistlich zu verwirklichen, geschieht auch hier eine Verzweckung. Menschen können mit Heilsversprechen abhängig gemacht und ausgenutzt werden: „Wir zeigen Ihnen den einzig wahren Sinn im Leben.“ – „Wenn Sie sich immer weiter anstrengen, werden Sie über sich hinaus-

wachsen.“ – „Nur wer sich anderen (aufopferungsvoll) zuwendet, kann sich selber finden.“

- Innere Heilung: Eine noch größere Gefährdung für geistlichen Missbrauch beinhaltet die feste Zusage, durch ignatianische Exerzitien innere Heilung zu finden. Diese sind aber keine Garantie für ein Heilungswunder. Im Exerzitienbuch ist von Anfang an die Rede davon, das „*Heil der Seele zu suchen und zu finden*“ (EB 1). Heil ist hier nicht mit Heilung gleichzusetzen. Auch – bzw. manchmal gerade – in weiter bestehender (psychischer) Krankheit können sich Gottes Heil und Gnade auf erstaunliche Weise entfalten. Der Wunsch nach Wiederherstellung und die Sehnsucht nach innerer Heilung dürfen Gott gegenüber selbstverständlich ausgedrückt werden. Aber auch hier finden die Aussagen aus dem Prinzip und Fundament Anwendung: Eine Fixierung auf Gesundheit sollte ausgeglichen werden mit der Bereitschaft, gegebenenfalls mit Krankheit zu leben und Gott dann weiterhin zu suchen (EB 23.6). Das Gegenteil ist genauso wahr: Wenn Gott Heilung schenkt, sollte diese zugelassen werden. Damit verbunden ist die Übernahme größerer Verantwortung, denn wir wissen aus der Psychologie, dass innere Genesung oder Wiederherstellung den Verlust des Sekundärgewinnes einer Krankheit mitbedingt. Manche Menschen sind so auf ihre Krankheit mit der damit verbundenen Leidenstheologie fixiert, dass sie sich erst für die (Möglichkeit der) Heilung öffnen müssten. Auch das kann eine Art der Umkehr sein. Selbst wenn sich die erhoffte innere Heilung nicht einstellt, können spirituelle Reife und innere Freiheit durch die geistlichen Übungen zunehmen. Das Überwinden ungeordneter Abhängigkeiten kann trotz bleibender Ängste eine gewisse Ruhe, Orientierung und ein stabileres Sicherheitsgefühl bewirken.

Am wichtigsten ist die Zunahme der persönlichen Freiheit. Wenn im geistlichen Leben Heilung mit der Wiederherstellung des inneren Menschen geschehen, ist das eine zusätzliche Frucht, die von der Gnade Gottes umsonst geschenkt wird. Diese Nuance ist mir deshalb so wichtig, weil ich von Opfern geistlichen Missbrauchs immer wieder zu hören bekomme, dass sie durch die Hoffnung auf (innere) Heilung wie gebunden waren. Sie hätten dafür alles getan oder ertragen, was ihnen von Heilsverkündern abverlangt wurde. Aus falscher Hoffnung waren sie bereit, sich selbst zu verleugnen und eigene Grenzen zu überschreiten, um endlich symptomfrei und heil zu werden.[24]

Fallstricke kombinieren

Besonders perfide werden missbräuchliche Beziehungen, wenn die hier beschriebenen Vorgehensweisen miteinander kombiniert werden. Dann müssen Menschen ihr Gebetsleben in bestimmte Strukturen pressen. Sie werden ständig aufgefordert, noch mehr geistliches Programm zu absolvieren, bei dem ihnen zusätzlich vorgeschrieben wird, was sie dabei fühlen sollen. Bei Nichtbeachtung wird damit gedroht, sie von bestimmten geistlichen Treffen auszuschließen. Der eigene Wille wird ihnen im Namen der Indifferenz abgesprochen und sie müssen durch falsch zitierte Bibelstellen eigene Grenzen überschreiten und der Seele Gewalt antun. Wer das vor allem im jesuitischen oder ignatianischen Kontext erlebt hat, ist sicherlich gut beraten, sich Hilfe in einer anderen spirituellen Familie zu suchen, da zu viele Begriffe und Konzepte bereits pervertiert oder missbraucht wurden. Es ist sehr mühsam, wenn alles auf einmal rehabilitiert werden müsste. Eine andere spirituelle Sprache mit neutralen Begriffen und unverdorbenen Zitaten macht es einfacher, für sich einen neuen geistlichen Weg zu finden.

Ignatianische Spiritualität kann pervertiert und zum Missbrauchsinstrument werden. Daher wenden wir uns abschließend der Frage zu, wie dies vermieden werden kann.

5. Geistlichen Missbrauch vermeiden

Der Bereich der Prävention geistlichen Missbrauchs umfasst alle Aspekte der Spiritualität und des kirchlichen Lebens, wie zum Beispiel systemische Grundprinzipien in Einrichtungen, Gruppen und Gemeinschaften, theologische Fragen, Amtsverständnis und Umgang mit Macht. Dazu sind eigene Studien und Veröffentlichungen notwendig. Im Kontext dieses Buches beziehe ich mich nur auf die Prävention im Rahmen von geistlicher Begleitung und möchte dazu ausdrücklich auf die aktuelle Veröffentlichung der Deutschen Bischöfe: In der Seelsorge schlägt das Herz der Kirche[25] hinweisen. Auch die ADDES (Arbeitsgemeinschaft deutscher Diözesen für Exerzitien und Spiritualität) hat ihre Qualitätsstandards neu formuliert.[26]

In diesem Buch war bislang die Rede davon, wie Opfern von geistlichem Missbrauch spirituell geholfen werden kann und welche Chancen die ignatianische Spiritualität dafür bietet. Genauso wichtig aber ist, dass es gar nicht erst soweit kommt. Geistlicher Missbrauch wird weitgehend vermieden, wenn das, was den Opfern helfen kann, bereits als Grundhaltungen in den Alltag geistlicher Begleitung integriert wird. Einiges davon habe ich hier noch einmal zusammengestellt.

Geistliche Begleiter und Begleiterinnen sind verpflichtet, dafür Sorge zu tragen, dass es in ihren Begleitungen nicht zu geistlichen (und anderen!) Übergriffen kommt. Daher werden sie aufmerksam darauf achten, die Personen, die sich ihnen anvertrauen, nicht zu manipulieren oder für eigene Interessen auszunutzen. Im Folgenden finden Sie eine Art Checkliste, um die eigene Haltung und das Vorgehen in der geistlichen Begleitung regelmäßig zu reflektieren. Es handelt sich dabei um die Zusammenstellung wichtiger Aussagen dieses Buches, die helfen können, geistlichen Missbrauch zu vermeiden. Regelmäßiger kollegialer Austausch und/oder Supervision bieten Raum, um sich in guter Weise infrage stellen zu lassen und so selbst verfestigten Eindeutigkeiten oder blinden Flecken auf die Spur zu kommen.

1. Machen Sie sich immer wieder bewusst, dass im Rahmen von religiösen Angeboten großer Schaden angerichtet werden kann. So werden Sie wachsam mit möglichen Gefahrenpunkten umgehen. Die Etiketten „spirituell" oder „Spiritualität" sind kein Freibrief für willkürliches oder manipulatives Verhalten. Schon Ignatius zeigte mit dem Konzept des Lichtengels (vgl. EB 332), wie Menschen im Namen des Guten, im Namen Gottes getäuscht und verführt werden können.
2. Entwickeln Sie ein Gespür für das Leid der Opfer geistlichen Missbrauchs. Hören Sie aufmerksam auf Berichte aus missbräuchlichen Beziehungen oder Gemeinschaften und lassen Sie sich auch emotional davon betreffen. Ein vertieftes Verständnis vom Ausmaß des Leides, das geistlicher Missbrauch in den Seelen anrichtet, kann wie eine Schutzimpfung wirken gegen eigene Tendenzen zu Machtmissbrauch und Manipulation.[27]

3. Werden Sie sich klar, wo Ihre persönliche Betroffenheit beim Thema geistlicher Missbrauch liegt, um diese gut zu bearbeiten. Es macht einen Unterschied, ob Sie sich mit der Opfer-, Täter-, Leitungs-, Beobachter- oder Helferposition identifizieren. Dann können Sie Übertragungsphänomene besser steuern und erneute Manipulationen verhindern.
4. Geistlicher Missbrauch speist sich aus Selbstüberschätzung, Überheblichkeit und (geistlichem) Hochmut. Kennen Sie daher Ihre persönlichen Grenzen, seien sie emotionaler, finanzieller, zeitlicher oder räumlicher Natur. Eine gesunde Demut ermöglicht, bodenständig im Hier und Jetzt verankert zu sein, die eigene Begrenztheit wertzuschätzen und andere nicht zu überfordern.
5. Das Fundament missbräuchlicher Beziehungen sind ungesunde emotionale Abhängigkeiten, die von beiden Seiten ermöglicht werden. Erkennen Sie Ihre eigenen emotionalen Bedürfnisse, damit Sie sich (private) Orte suchen oder schaffen können, wo diese ernst genommen und für diese gesorgt wird. Sie können die Ihnen anvertrauten Personen umso freier lassen, je besser Ihre Grundbedürfnisse an anderer Stelle gesehen und – wo immer möglich – auch befriedigt werden.
6. Werte, die immer exzessiver verfolgt werden, tendieren dazu, sich zu verselbstständigen. So laufen sie Gefahr, zu Idolen zu werden, die von sich selbst und anderen immer mehr Opfer fordern. Fragen Sie sich, was Ihnen besonders wichtig ist oder Sie so sehr begeistert, dass Sie bereit wären, andere dafür zu manipulieren und unter

Druck zu setzen. Fragen Sie sich außerdem, was man Ihnen versprechen müsste, damit Sie bereit werden, eigene Grenzen zu missachten. Das zeigt Ihnen, wo Sie für die Manipulation durch andere verführbar sind.

7. Helfende Beziehungen zehren insbesondere in Krisenzeiten an den eigenen Seelenkräften. Entwickeln Sie daher ein vielfältiges Repertoire unterschiedlicher Mittel des Selbstschutzes und fördern Sie Ihre eigenen Resilienzmöglichkeiten. Entspannte, in sich ruhende Personen sind in der Begleitung aufmerksamer und laufen weniger Gefahr, Fehler zu begehen.

Im Rahmen geistlicher Begleitung sollten Sie zusätzlich auf die folgenden Punkte achten, um sich und die Personen, die sich Ihnen anvertrauen, vor geistlichem Missbrauch zu schützen.

1. Helfende Beziehungen sind von einem gewissen Machtgefälle geprägt: die eine Person hat im Themenbereich der Begleitung mehr Wissen, Erfahrung oder Kompetenz. Die andere ist suchend, fragend oder sogar in Not, vor allem aber gibt sie mehr von sich selber preis und vertraut sich der oder dem anderen an. Seien Sie sich Ihrer Macht bewusst. Gehen Sie vorsichtig und respektvoll damit um.
2. Vertrauen ist ein großes Geschenk und darf nicht erwartet, gefordert oder erzwungen werden. Lassen Sie der anderen Person Zeit, Sie kennenzulernen, um herauszufinden, ob Sie vertrauens-würdig sind. Dazu gehört auch, dass Sie eventuell hinterfragt und getestet

werden. Das ist kein Grund, um sich Sorgen zu machen oder sich persönlich gekränkt zu fühlen; ganz im Gegenteil, es zeigt Ihnen, dass die begleitete Person Ihnen vertrauen möchte.

3. Trotz vielleicht langjähriger Erfahrung gehen Sie erst einmal davon aus, dass Sie nicht wissen, was für den oder die andere gut ist – vor allem nicht das, was Ihnen selber schon geholfen hat. Bleiben Sie neugierig, suchend, hörend, vertrauend auf das, was die Ihnen anvertraute Person an Bedürfnissen, Wünschen, Möglichkeiten, Ideen einbringen kann. Unterstützen Sie diese dabei, den ganz eigenen Lebensweg zu entdecken und zu verwirklichen.
4. Selbst bei bester Absicht kann es vorkommen, dass Sie unaufmerksam für die aktuellen Bedürfnisse oder Fragen Ihres Gegenübers sind oder sich in der Beurteilung einer Situation irren. Haben Sie den Mut, sich selbst und gegebenenfalls auch dem oder der davon Betroffenen Fehler einzugestehen. Lassen Sie sich kritisch hinterfragen und seien Sie bereit, da wo es berechtigt ist, um Verzeihung zu bitten. Das schafft eine offene und ehrliche Atmosphäre, die Vertrauen fördert.
5. Missbräuchliches Verhalten ist meist von Willkür und undurchsichtigen Regeln geprägt. Um das zu vermeiden, einigen Sie sich auf präzise Rahmenbedingungen der Begleitung, mit klaren Regeln, die ein Maximum an Transparenz ermöglichen. Verdeutlichen Sie die Grenzen Ihrer Verfügbarkeit, sodass Sie innerhalb dieses Rahmens ganz für die von Ihnen begleitete Person da sein können. Das gibt Orientierung und schafft Sicherheit.

6. Um die Freiheit der von Ihnen begleiteten Personen zu fördern, sollten Sie darauf achten, nicht ihre einzige Bezugsperson in geistlichen Dingen zu sein. Ermutigen Sie dazu, ein Netzwerk zu entwickeln und zum Beispiel mit jemand anderem Exerzitien zu machen. Bleiben Sie als Priester nicht der einzige Beichtvater. Das wird auch die irgendwann nötige Beendigung Ihrer Begleitbeziehung erleichtern, wenn bereits positive geistliche Erfahrungen in anderen Kontexten bestehen.
7. Im geistlichen Leben gibt es keinen Leistungs- oder Erfolgsdruck. Jede und jeder geht ihren und seinen eigenen Weg, mal aktiver, mal ruhiger, mal vorwärts, seitwärts oder auch zurück. Helfen Sie den von Ihnen begleiteten Personen, bei allem Einüben und sich Bemühen, den „Nutzen" – *provecho*, im Sinne von „verkosten, schmecken und Geschmack finden" – nicht zu übersehen. Häufig öffnen sich dadurch geistliche Kraftquellen für die Seele, die sich weder aus Leistung noch aus Anstrengung speisen, sondern einfach nur genossen werden dürfen – umsonst!
8. Werden Sie sich der versteckten Erwartungen und Vorstellungen bewusst, die Sie auf die von Ihnen begleiteten Personen projizieren. Wie schnell soll es jenen besser gehen? Was sollen sie begreifen, erfahren oder erleben? Häufig wollen die von uns begleiteten Personen uns gefallen und wünschen sich, dass wir zufrieden mit ihnen sind. Bemühen Sie sich daher, möglichst unvoreingenommen zuzuhören. Lassen Sie sich von der Vielfalt geistlicher Erfahrung immer neu überraschen und bereichern.

9. Fühlen und Erfahrung (Regungen) haben einen wichtigen Platz im geistlichen Leben, wie zum Beispiel bei Bibelmeditationen oder in Entscheidungsprozessen. Geistliche Manipulation bedient sich dieses Erlebens, wenn bestimmte Gefühle vorgeschrieben, sanktioniert oder unterdrückt werden. Laden Sie dazu ein, alle Regungen wahrzunehmen und anzusprechen. Sie dürfen sein, sind weder als falsch, minderwertig und unreif zu verurteilen, noch als besonders fromm oder heilig zu überhöhen. Weil sie die individuelle Weise sind, auf geistliche Erfahrungen zu reagieren, bilden sie das Fundament, auf dem sich die persönliche Freiheit der begleiteten Person entwickeln kann.
10. Gedanken, Meinungen und Beurteilungen sind ebenfalls Ausdruck der individuellen Freiheit, daher sind Überlegungen, Fragen oder Schlussfolgerungen mit großer Wertschätzung wahrzunehmen. Falls Sie Aussagen hören, die Ihnen unverständlich, einseitig, übertrieben oder sonst irgendwie merkwürdig erscheinen, gehen Sie davon aus, dass die andere Person dennoch gute Gründe für ihre Meinung hat. Seien Sie besonders aufmerksam und machen Sie sich auf die Suche nach den Elementen, die Ihnen zum Verständnis noch fehlen. Sie werden manchmal überrascht sein, was es da zu entdecken gibt.
11. Geben Sie Raum für Auseinandersetzungen, lassen Sie sich auf ein gemeinsames Suchen nach einer befriedigenden Beurteilung oder Deutung des Erlebten ein. Freuen Sie sich darüber, wenn die begleitete Person an der eigenen Meinung festhält und Ihnen wi-

derspricht. Das weist auf die Dinge hin, die ihr besonders wichtig sind. Es zeigt Ihnen außerdem, dass die begleitete Person innerlich unabhängig genug ist, um sich Ihnen zu widersetzen. Der Raum der Freiheit zwischen Ihnen ist intakt.

12. Bei Entscheidungsprozessen ist es besonders wichtig, die oder den anderen nicht zu beeinflussen oder zu manipulieren. Halten Sie sich in der Mitte wie eine Waage (vgl. EB 15), die weder nach links noch nach rechts ausschlägt, es aber dem Gegenüber ermöglicht, alle Argumente sowohl in die eine als auch in die andere Waagschale zu werfen. Widerstehen Sie der Versuchung, den Prozess abzukürzen, indem Sie dem anderen die Entscheidung abnehmen.
13. Manipulation, Beeinflussung, Ausnutzung oder Unterdrückung agieren mit Machtspielen, die Druck auf andere ausüben. Vermeiden Sie jede Form von Druck, in dem Sie dem Gegenüber immer wieder Raum anbieten, ihm Zeit schenken und die Hoffnung ausstrahlen, dass er seinen eigenen Weg finden und gehen wird. Üben Sie sich in Langmut und Geduld. Trauen Sie Gott und der begleiteten Person zu, zur richtigen Zeit die richtigen Schritte miteinander zu gehen.

Mit dieser Art von Beziehungsgestaltung in der geistlichen Begleitung werden Sie nicht nur Missbrauch vermeiden, sondern die Ihnen anvertrauten Personen darin unterstützen, zu autonomen Persönlichkeiten zu werden, die in der Lage sind, missbräuchliche Taktiken und Strukturen zu erkennen. Dann können diese sich davor in Acht nehmen oder, wo nötig, sich dagegen zur Wehr setzen. Als Thema der geistlichen Begleitung bietet es sich außerdem an, gemeinsam zu schauen, welche Möglichkeiten der Vorbeugung den begleiteten Personen ganz subjektiv bereits vertraut sind und zur Verfügung stehen. So können ihre Fähigkeit zur Resilienz und ihr Repertoire zum Selbstschutz gefördert werden.

Über die geistliche Begleitung hinaus können diese Grundhaltungen ganz allgemein im spirituellen Miteinander ein guter Schutzmantel gegen viele Formen von geistlichem Missbrauch sein. Sie dienen ebenfalls als eine Art Warnsystem, das frühzeitig auf Manipulationsversuche und Machtspiele aufmerksam macht. Außerdem helfen sie, auf etwaige Übergriffe angemessen zu reagieren.

Abschließend möchte ich noch einmal darauf hinweisen, dass die ersten Anzeichen für geistlichen Missbrauch meist wie im Nebel liegen. Verwirrung und Konfusion sind Merkmale derartiger Beziehungssysteme. Daher sollten Empfindungen wie skurril, seltsam, wunderlich, Ungereimtheiten, undefinierbares Unwohlsein oder schwammiges Hier-stimmt-was-nicht zugelassen und ernst genommen werden. All diese Eindrücke sind merkwürdig. Sie laden ein, genauer hinzusehen und aufmerksamer hinzuhören, um beginnende Fehlentwicklungen wahrzunehmen und so rechtzeitig Gegenmaßnahmen zu ergreifen.

6. Hinaus ins Weite

Große Überfahrt

Die Bearbeitung der Folgen geistlichen Missbrauchs so wie die Genesung der daraus resultierenden Verletzungen brauchen Zeit. Es ist wirklich Arbeit, die geprägt wird von den unterschiedlichsten Emotionen, von vielen Fragen und Zweifeln. Sie ist wie ein langer Weg vom vertrauten (missbräuchlichen) Ufer hin zu neuen noch unbekannten Horizonten. Irgendwann hat man das alte Ufer endgültig verlassen und weiß, dass es kein Zurück mehr gibt. Doch ein neuer Heimathafen ist vielleicht noch nicht in Sicht. Da ziehen Stürme auf mit hohen Wellen, die drohen, das Schiff zum Kentern zu bringen. Da gibt es Zeiten der Flaute, in denen alles still zu stehen scheint und kein Vorwärtskommen mehr wahrgenommen wird. Da ist es gut, einen Lotsen mit an Bord zu haben, der zwar nicht den Kapitän ersetzt, aber helfen kann, Untiefen, Strudel oder Riffe zu umschiffen. Durch seine Erfahrung verbunden mit fachlicher Kompetenz strahlt er Sicherheit aus. Er kann immer mal wieder dazu einladen, das Ruder für eine Weile aus der Hand zu legen, auf Automatik zu stellen, um die Aussicht, den Wind, die Wellen und die Sonne zu genießen. Dann können sich Glücksgefühle einstellen, die es ermöglichen zurückzuschauen, sich auszutauschen und Pläne für die Zukunft zu machen. Es ist ein Navigieren auf hoher See im Wechsel von ruhigen und stürmischen Phasen. Wenn die Begleiteten schließlich einen neuen

Heimathafen gefunden haben, werden sie merken, dass der Weg dorthin zwar anstrengend und aufregend war, sie ihn aber nicht mehr missen möchten. Er hat ihr Leben auf vorher unvorstellbare Weise bereichert. Die geistlichen Begleitpersonen mit einem Lotsen zu vergleichen, zeigt noch einmal, dass sie neben Erfahrung auch Wissen und Kompetenz erwerben müssen, um mit den ihnen anvertrauten Personen selbst in schwierigen Gewässern navigieren zu können. Da sie nie wissen, wie die Wetterlage sich entwickelt, wo sich Strudel bilden und sich Strömungen verändern, müssen sie in der Lage sein, die Begleitung spontan und kreativ an die aktuellen Gegebenheiten anzupassen. Die Aussagen in diesem Buch können daher nur als Anregungen verstanden werden. Das Leben ist vielfältiger, als was man darüber schreiben kann.

Etappen auf dem Weg

Die Begleitung der Betroffenen geistlichen Missbrauchs lässt sich in vier Etappen einteilen.[28] In der genannten maritimen Metapher sind das: Erstens die Zeiten im missbräuchlichen Heimathafen, der als solcher erst einmal erkannt werden und irgendwann verlassen werden muss. Dazu ist häufig Zeit nötig, damit die Person ausreichend Stabilität entwickelt, um sich auf das Abenteuer der Ablösung einlassen zu können. Zweitens die Überfahrt durch ungewisse Gewässer, bei der neben der emotionalen Aufarbeitung neue Deutungsmuster entdeckt und ausprobiert werden können. Drittens die Suche nach einem oder mehreren neuen Heimathäfen, die erprobt, bewertet, gewählt oder verworfen werden wollen. Schließlich viertens das Ankommen, um sich in einer neuen Heimat einzufinden, welche lokale, materielle, mitmenschliche, spirituelle, private, eventuelle kirchliche und andere Facetten umfassen wird.

Um Betroffene adäquat und angemessen zurück in die Freiheit begleiten zu können, sind Kompetenzen für alle Etappen auf diesem Weg nötig. Das Fundament bildet ein detailliertes Verständnis der Grundformen und Dynamiken geistlichen Missbrauchs. Es ist wichtig, in der Lage zu sein, ihn in so vielen Facetten wie möglich zu erkennen. Ein gutes Gespür für die Unterscheidung der Geister sollte entwickelt werden. Die Metapher des Lichtengels (EB 332), der im Namen des Guten Böses bewirkt, ist dafür erhellend. Für die Unterstützung des Genesungsprozesses bietet die Tradition der ignatianischen Exerzitien ein breites Spektrum an Methoden. Damit können geistliche Begleiterinnen Betroffenen helfen, sich wieder selber wahrzunehmen, eigenen Empfindungen zu trauen und persönliche Meinungen zu bilden. Geistliche Begleiter nehmen die Personen, die sich ihnen anvertrauen so an, wie sie geworden sind, mit allen verbleibenden Ängsten, Unsicherheiten, Zweifeln, Ambivalenzen, ihrem Ärger und ihrer Wut. Damit öffnen sie die Perspektive dafür, dass auch Gott sie in ähnlicher Weise annehmen könnte. Wenn der oder die neuen Heimathäfen in Sicht sind, können die Begleiterinnen mithilfe spezifischer Übungen dazu anleiten, Entscheidungen zukünftig mit immer mehr eigenverantwortlicher Souveränität und Freiheit zu fällen.

Auf diesem langen Weg ist es entscheidend, keine neuen Verletzungen zu den bisherigen hinzuzufügen. Das ist ziemlich anspruchsvoll, da die Erwartungen und Anforderungen sich ändern je nach Phase, in der die begleitete Person sich gerade befindet. Ein regelmäßiger kollegialer Austausch oder eine für sich in Anspruch genommene Supervision ist dabei unerlässlich. Die deutschen Bistümer sind dabei, Ansprechpersonen für Fragen zu geistlichem Missbrauch zu benennen, die auf den Webseiten der Bistümer zu finden sind. Dort bestehen Möglichkeiten, sich weiter zu vernetzen. Man erhält hier ebenfalls Beschreibungen zu den Verfahrenswegen, wenn die Absicht besteht, mutmaßliche Täter oder Täterinnen zu melden. Die Verantwortlichen der im jeweiligen Bistum beauftragen geistlichen Begleiter können ebenso Auskunft zu Supervisionsangeboten und kollegialem Austausch geben. Die Gemeinschaft christlichen Lebens (GCL) hat sich bereits mehrfach in ihren Fortbildungen mit der Thematik des geistlichen Missbrauchs beschäftigt. Auch dort könnten zusätzliche Informationen eingeholt werden.[29]

Die Teilnahme an Fortbildungen zum Thema bietet weitere Möglichkeiten, um mit anderen geistlichen Begleitern von Betroffenen in Kontakt zu kommen. Ausschreibungen, die geistliche Begleitung und Exerzitien betreffen, sind zentral zusammengestellt auf der gemeinsamen Webseite[30] der ADDES: Arbeitsgemeinschaft deutscher Diözesen für Exerzitien und Spiritualität und der

ARGE: Arbeitsgemeinschaft österreichischer diözesaner Referate für Exerzitien und Spiritualität.

Wenn die von Ihnen begleiteten Frauen andere Hilfestellungen brauchen, z.B. materieller, therapeutischer oder juristischer Natur, können Sie diese an die Anlaufstelle für Frauen, die im kirchlichen Raum Gewalt erfahren haben[31], verweisen. Sie schließt ausdrücklich emotionale und spirituelle Gewalt mit ein. Es handelt sich um eine Einrichtung der Arbeitsstelle für Frauenseelsorge der Deutschen Bischofskonferenz. Eine ähnliche Anlaufstelle für Männer ist in Vorbereitung.[32] Die evangelische Kirche in Deutschland hat vor Kurzem eine zentrale Seite für Opfer sexualisierter Gewalt freigeschaltet, ob die Ansprechpersonen auch bei geistlichem Missbrauch zuständig sind, müsste erfragt werden.[33] Die Entwicklung von Strukturen für Betroffene ist noch im Gange. Ich bin sicher, in dem Maße, wie die Opfer sprachfähiger werden und konkret nach Hilfe fragen, werden gleichermaßen die Informations-, Fortbildungs- und Vernetzungsangebote ausgebaut werden.[34]

Weiter Horizont

Die uneingeschränkte wohlwollende Zuwendung zu den einzelnen Opfern ist Grundlage jeglicher Aufarbeitung von missbräuchlichen Erfahrungen. Doch sie allein ist auf Dauer zu eng gegriffen. Wir müssen zusätzlich die Strukturen in den Blick nehmen, die derartigen geistlichen Missbrauch ermöglichen, fördern und verfestigen. Dabei sind psychologische, soziale, theologische, (kirchen-)

rechtliche als auch hierarchische Aspekte zu berücksichtigen. Es gibt noch viel zu tun. Darüber hinaus können wir alle helfen, ein kirchliches Umfeld zu schaffen, in dem Machtmissbrauch vermieden und verhindert wird. Dazu müssten sich alle Beteiligten immer wieder bewusst machen, dass jegliche Macht eine Gabe ist. Sie gehört ihnen nicht, sondern ist ihnen für eine festgelegte Zeit in einem spezifischen Kontext von bestimmten Personen übertragen worden. Sie ist daher mit Umsicht, Respekt, Wohlwollen und Achtsamkeit zu handhaben. Wie bereits gesagt (vgl. 3.5.), nennt Ignatius das sehr treffend unsere *bemessene Macht* (EB 237), die uns letztlich von oben anvertraut wird. In Verantwortung vor den Menschen und vor Gott können wir so mitwirken, dass unsere Kirche, Gemeinden und Gemeinschaften im Alltag für viele zu heilsamen Orten werden.

Dank

Dieses Buch handelt von der möglichen Auferstehung aus den Trümmern, die nach jahrelangem geistlichem Missbrauch zurückbleiben. Ich habe immer wieder betont, wie wichtig es ist, sich Unterstützung durch treue Wegbegleiter zu suchen und sich allmählich ein neues Beziehungsnetzwerk aufzubauen.

Meinen Begleiterinnen und Begleitern auf dem Weg dieses Buches von den ersten Überlegungen bis zur Endfassung des Manuskriptes möchte ich hier ausdrücklich danken. Ohne sie hätte dieses Projekt keine Gestalt angenommen. Die Fundamente sind während der Ausbildung als ignatianische Exerzitienbegleiterin gelegt worden. Danke an die ganze Ausbildungsgruppe, die sich geduldig und interessiert auf meine Fragen zu geistlichem Missbrauch eingelassen hat. Großen Dank an Barbara Budrich für die Begleitung im Schreibcoaching, an P. Franz, Daniela und Ansgar für die vielen inhaltlichen und stilistischen Anregungen. Besonders danken möchte ich Brigitte Merkel, die mir immer wieder ihre feste Überzeugung vermittelt hat, dass ich etwas zu sagen habe und die mir geholfen hat, mich frei zu schreiben.

Schließlich bedanke ich mich für die offenen Diskussionen und das Feedback aus meinen Seminaren. Dieser Austausch hat den Inhalt des Buches ungemein bereichert und mich herausgefordert, meine Gedanken noch klarer zu formulieren.

Anmerkungen

1 Sämtliche Zitate aus dem Exerzitienbuch sind der Übersetzung von Peter Knauer entnommen: Ignatius von Loyola – Bericht des Pilgers. Würzburg 2015.

2 für eine Einführung in die ignatianische Spiritualität vgl. Christian Rutishauser: Freiheit kommt von innen – in der Lebensschule der Jesuiten. Freiburg 2022.

3 Eine ausführliche Darstellung des gesamten Exerzitienprozesses findet sich bei: Alex Lefrank: Umwandlung in Christus. Die Dynamik des Exerzitien Prozesses. Würzburg 2009. Und bei Peter Köster: Zur Freiheit befähigen. Die Geistlichen Übungen des hl. Ignatius von Loyola. Ein Kommentar mit Hinweisen für die Praxis des Begleitens. Würzburg 2017.

4 Sr. Katharina Kluitmann betont: „Es geht um Macht, die für eigene Ziele missbraucht wird, und Menschen wird Gewalt angetan." Katharina Kluitmann: Geistlicher Missbrauch. Die rasante Entwicklung eines uralten Themas. In: Hack, Hartmann, Lauber (Hg.): Machtmissbrauch und Gewalt – religiöse Versuchung und Versagen der Kirche. Würzburg 2021. S. 103–132.

5 vgl. Schulz, Hannah: Perfide Konstrukte: Was ist geistlicher Missbrauch? In: Herder Korrespondenz 73 Nr. 10. 2019. S. 36–38.

6 vgl. Tempelmann, Inge: Geistlicher Missbrauch: Auswege aus frommer Gewalt. Holzgerlingen 2007, insbesondere Kapitel 5: Prozesse der Gedankenumbildung, S. 112–138.

7 Hundertmark, Peter: Emprise. https://geistlich.net/emprise, abgerufen am 5.9.2022.

8 *Wagner, Doris*: Nicht mehr ich – die wahre Geschichte einer jungen Ordensfrau. München 2016.

9 unter anderen: Mertes, Klaus: Geistlicher Machtmissbrauch. In Geist und Leben 1985, 2017. S. 249–259.

10 Zur Vertiefung siehe: Zodrow, Leo: Prinzip und Fundament" – Eine ignatianische Kurzformel für den Vollzug des geistlichen Lebens. Geist und Leben, S. 175–191.

11 Zur Vertiefung siehe: Schulz, Hannah: Geistlicher Missbrauch als Idolatrie. In: Hörting, Gerhard (Hg.): Grauzonen in Kirche und Gesellschaft: Geistiger Missbrauch. Münster 2021. S. 61–74.

12 vgl. GCL – Gemeinschaft Christlichen Lebens (Hg.): Um der größeren Freiheit willen: Hinweise für Begleitung bei geistlichem Missbrauch. Korrespondenz zur Spiritualität der Exerzitien 114, 2019.

13 Einige Hinweise zur geistlichen Begleitung von Betroffenen sexuellen Missbrauchs finden sich im 10. Kapitel von Elke Rüegger-Haller: Aufstehen und heilen – Missbrauch und Exerzitien. Würzburg 2009. S. 58–61.

14 Luis Goncalves da Camara, Memoriale. Erinnerungen an unseren Vater Ignatius. Übersetzt von Peter Knauer SJ, Frankfurt am Main 1988. Nr. 256, S. 141.

15 Willi Lambert: Gebet der liebenden Aufmerksamkeit. Trier 2012. Cordula und Ottmar Leidner: Ein hörendes Herz – Jeden Tag Gottes Spuren finden. Würzburg 2012: Ignatianische Impulse Bd. 57.

16 Vgl. Fridolin Marxer: Die inneren geistlichen Sinne. Ein Beitrag zur Deutung ignatianischer Mystik. Freiburg 1963; Simon Peng-Keller: Die Sinne als Stufen zur göttlichen Liebe. Zur Aktualität der mystischen Schrift Scala divini amoris. In: Geist und Leben 87, S. 1–12.

17 dazu ausführlich: Franz Meures: Was heißt Unterscheidung der Geister? In: Inga Kramp/Johanna Schulenburg (Hg.): In der Kraft des Geistes. Beiträge von Franz Meures zur Spiritualität der Exerzitien. Würzburg 2021. S. 125–148.

18 Doris Reichmann: Die Schriftbetrachtung bei Ignatius im Vergleich mit der Methode der Rollenbefragung im Bibliodrama. Detmold 2015 (nicht veröffentlichtes Manuskript), S. 8.

19 Stefan Kiechle: Sich entscheiden. ignatianische Impulse. Würzburg 2004.

20 vgl. Meures, Franz: Christ will unser Trost sein – Zur Praxis der vierten Exerzitienwoche. In: Inga Kramp/Johanna Schulenburg (Hg.): In der Kraft des Geistes – Beiträge von Franz Meures zur Spiritualität der Exerzitien. Würzburg 2021. S. 104–124.

21 Ein anschauliches Beispiel findet sich bei: Benjamin Leven: Beten bis zum Umfallen. In: Herder Korrespondenz 73, Nr. 6, 2019, S. 13–16.

22 Peter Knauer: Ignatius von Loyola – Bericht des Pilgers. Würzburg 2015. Nr. 24, S. 67.

23 Vgl. Franz Meures: Die Unterscheidung der Geister in den Satzungen der Gesellschaft Jesu. In: Inga Kramp/Johanna Schulenburg (Hg.): In der Kraft des Geistes – Beiträge von Franz Meures zur Spiritualität der Exerzitien. Würzburg 2021. S. 149–164.

24 In: Barbara Haslbeck/Regina Heyder/Ute Leimgruber/Dorothee Sandherr-Klemp (Hg.): Erzählen als Widerstand: Berichte über spi-

rituellen und sexuellen Missbrauch an erwachsenen Frauen in der katholischen Kirche. Münster 2021, gibt es einen extremen Bericht, der beschreibt wie durch Gebet innere Heilung ermöglicht werden soll: Statt Heilung neue Verletzungen S. 109–115.

25 Die deutschen Bischöfe, Nr. 110 (2022): In der Seelsorge schlägt das Herz der Kirche. Wort der deutschen Bischöfe zur Seelsorge.
siehe auch: Nr. 39 (2014) „… und Jesus ging mit ihnen" (Lk 24,15) – Der kirchliche Dienst der Geistlichen Begleitung.

26 Arbeitsgemeinschaft deutscher Diözesen für Exerzitien und Spiritualität (2016): Maßnahmen, um die Qualität Geistlicher Begleitung in den deutschen (Erz-)Bistümern langfristig zu sichern.

27 Doris Wagner zitiert in ihrem Buch: Spiritueller Missbrauch zahlreiche Beispiele. Neben anderen Formen des Missbrauchs finden sich auch Erfahrungsberichte von geistlichem Missbrauch in: Haslbeck, Heyder, Leimgruber, Sandherr-Klemp (Hg.): Erzählen als Widerstand: Berichte über spirituellen und sexuellen Missbrauch an erwachsenen Frauen in der katholischen Kirche.

28 Hundertmark hat ebenfalls „Etappen eines Gesundungsprozesses nach spiritualisiertem Machtmissbrauch" formuliert, die sich auf seinem Blog: www.geistlich.net finden lassen

29 Vgl. https://www.gcl.de/2-allgemein/260-prävention

30 Vgl. https://www.exerzitien.info/index.php

31 Vgl. https://www.gegengewalt-anfrauen-inkirche.de/startseite.html

32 Vgl. https://kath-maennerarbeit.de

33 Vgl. https://www.anlaufstelle.help

34 Für Rückfragen oder Anregungen können Sie die Autorin erreichen unter https://sinnvoll-supervision.de